desafios
educacionais
na formação de
empreendedores

Adelar Hengemühle é doutor pela Pontifícia Universidade Católica do Rio Grande do Sul (PUCRS) e mestre pela Universidade Estadual Centro-Oeste (Unicentro) e pela Universidade Estadual de Campinas (Unicamp), ambos os títulos na área de Educação. É pós-doutor pela PUCRS com o tema de pesquisa "Professor empreendedor preparando pessoas empreendedoras: limitações e possibilidades". É diretor da Faculdade Cenecista de Osório (FACOS) e do Instituto de Educação Cenecista Marquês do Herval. É professor de didática e palestrante dos temas de gestão e educação.

H511d   Hengemühle, Adelar.
           Desafios educacionais na formação de empreendedores / Adelar Hengemühle. – Porto Alegre : Penso, 2014.
           152 p. : il. ; 23 cm.

           ISBN 978-85-65848-81-7

           1. Educação. 2. Empreendedores – Formação. I. Título.

                                                        CDU 37:658

Catalogação na Publicação: Ana Paula M. Magnus – CRB 10/2052

ADELAR HENGEMÜHLE

desafios educacionais na formação de empreendedores

2014

© Penso Editora Ltda., 2014

Gerente editorial: *Letícia Bispo de Lima*

Colaboraram nesta edição

Editora: *Lívia Allgayer Freitag*

Capa: *Márcio Monticelli*

Ilustração de capa: *©shutterstock.com / Sergey Nivens, Drawing of a man climbing up the stairs*

Preparação de originais: *Marcelo de Abreu Almeida*

Leitura final: *Grasielly Hanke Angeli*

Editoração eletrônica: *Formato Artes Gráficas*

Reservados todos os direitos de publicação à
PENSO EDITORA LTDA., uma empresa do GRUPO A EDUCAÇÃO S.A.
Av. Jerônimo de Ornelas, 670 – Santana
90040-340 Porto Alegre RS
Fone (51) 3027-7000 Fax (51) 3027-7070

É proibida a duplicação ou reprodução deste volume, no todo ou em parte, sob quaisquer formas ou por quaisquer meios (eletrônico, mecânico, gravação, fotocópia, distribuição na Web e outros), sem permissão expressa da Editora.

SÃO PAULO
Av. Embaixador Macedo Soares, 10.735 – Pavilhão 5 – Cond. Espace Center
Vila Anastácio – 05095-035 – São Paulo SP
Fone (11) 3665-1100 Fax (11) 3667-1333

SAC 0800 703-3444 – www.grupoa.com.br
IMPRESSO NO BRASIL
PRINTED IN BRAZIL

FILHOS!
Presentes ou ausentes, longe ou perto, sempre filhos!
Aneline e Augusto: a vocês dedico muito do pouco que sou!

Agradecimentos

Em cada encontro uma lição de vida! Prof. Dr. Juan Mouriño Mosquera, orientador e incentivador do pós-doutorado.

Com os primeiros educadores desenvolvemos os valores mais perenes! Pai, Mãe, Manos e Manas.

É no cotidiano da nossa casa que mais precisamos de alguém para nos ouvir, dialogar, desabafar e refletir! Maristela, obrigado pelo amor, pelos conselhos, pelas reflexões, com os quais tens me injetado força e ânimo nos momentos mais difíceis.

São nossos mestres que plantam em nós as sementes do desejo de querer conhecer por que as coisas são como são! Aos professores da Escola Municipal Santa Terezinha, de Vila Sírio/Santo Cristo/RS; do Ginásio Estadual de Alecrim/RS; Colégio Concórdia de Santa Rosa/RS; do Centro Educacional La Salle e Centro Educacional La Salle de Ensino Superior de Canoas/RS; da Universidade Estadual de Campinas/SP e da Pontifícia Universidade Católica do Rio Grande do Sul que, pela ordem, me ensinaram a ler, a escrever e, de degrau em degrau, contribuíram na minha formação.

Por onde passamos levamos significativa bagagem de experiências e conhecimentos que são nossa base segura para novas conquistas! Professores do Colégio La Salle de Canoas/RS, Centro Universitário La Salle de Canoas/RS e professores do Colégio Imperatriz Dona Leopoldina de Entre Rios/Guarapuava/PR, onde plantamos e colhemos as primeiras respostas das nossas angústias na educação.

Desafiar-se diante do novo e fazer do desafio constante o motivo de viver, crescimento profissional e satisfação dos nossos alunos! Professores do Colégio Nossa Senhora da Glória, de Porto Alegre, que se desafiaram na prática e ajudaram a construir o livro *Significar a educação: da teoria à sala de aula*; aos professores da Rede CNEC, do Ceará, que, mesmo diante de todas as dificuldades, mas com muita motivação e sonhos de uma educação mais qualificada, levaram as ideias para a prática e construíram o livro *Da teoria à prática: a escola dos sonhos é possível*; aos colegas professores de 13 faculdades da rede CNEC que, com humildade, reconheceram a necessidade da busca de novas propostas pedagógicas para formar profissionais competentes e empreendedores e ajudaram a construir o livro *Capacitar para o empreendedorismo: uma proposta teórico-prática para as instituições de ensino superior*.

Socializar as práticas e reflexões com o objetivo de enriquecer e contribuir na construção de novos referenciais para a educação! Alexandre Ari Monich (Joinville/SC), José Daniel Tavares (Nova Petrópolis/RS), Anilda Souza (Osório/RS), Marcelo Santos (Osório/RS), Marcelo Oliveira Ribeiro (Osório/RS), Caroline de Santos Klein (Porto Alegre/RS), Gilis Kunzler (Porto Alegre/RS), Anna Maria Daniele Adriano (Porto Alegre/RS), Kátia Martini Labarethe (Porto Alegre/RS), Cristina Pires Corso (Porto Alegre/RS), Marilene Sinder (Niterói/RJ), Francisco Edvando Vasconcelos (Marco/CE), Angela Maria Fonseca Abreu Viana (Caucaia/CE), Cleide de Souza Acácio (Pentecoste/CE), Luiz Robério de Almeida Maia (Tabuleiro do Norte/CE), professores que contribuíram com suas opiniões nos instrumentos de coleta de dados, enriquecendo o texto deste livro.

É no interior das instituições nas quais atuamos que os ideais precisam tornar-se vivos! Professores do Instituto de Educação Cenecista Marquês de Herval e da Faculdade Cenecista de Osório/RS, que estão preocupados em oferecer educação significativa aos estudantes da educação infantil até a pós-graduação.

É no desafio da sala de aula que construímos nossos ideais da profissão de educadores! A todos os meus alunos que me questionaram, desafiaram e contribuíram para meu crescimento pessoal e profissional. Em especial, as acadêmicas Bruna Rodrigues e Luciana Hesper, da disciplina de didática, da Facos/Osório, 2011/1, que muito contribuíram para comprovar que, na prática, a teoria é possível.

O conhecimento constrói-se na diversidade das reflexões! A todos os demais que me questionaram, que comigo refletiram e contribuíram na qualificação dos nossos referenciais, seja em conversas individuais, em grupo, nos seminários, entre outros, e aos que participaram dos grupos de estudo.

Sumário

Apresentação 11

Introdução 13

Primeira Parte
Estabelecendo referenciais

Os referenciais que movem nossas
curiosidades e necessidades 20

1 Pessoas competentes e empreendedoras: exigências
do mundo contemporâneo 22

2 Formar pessoas empreendedoras: necessidade do
contexto contemporâneo 27

3 Formar empreendedores competentes, focados no
desenvolvimento de habilidades reflexivas 32

4 As dimensões cognitiva, afetiva e emocional
contempladas na educação 40

SEGUNDA PARTE
Aproximando o idealizado da prática

Entre os referenciais e a prática: limitações e possibilidades 58

5 Conteúdos empíricos e teóricos: a necessidade de ascender do senso comum ao conhecimento científico 61

6 Ressignificação dos conteúdos teóricos 74

7 Problematização: o disparador na provocação do desejo 95

8 Metodologia: o caminho que leva às metas 108

9 Avaliação: o perfil almejado como meta e as habilidades reflexivas como meio 130

Considerações finais 144

Referências 149

Apresentação

Como dirigente de um grupo educacional que conta com quase 10 mil colaboradores e 100 mil alunos espalhados por 20 estados do Brasil, adquiri uma certeza: os melhores profissionais com quem tive ou tenho o prazer de trabalhar são aqueles que resolvem problemas (independentemente do tipo e da complexidade) e que têm a capacidade de empreender (transformam ideias e intenções em algo real). Via de regra, tais pessoas são dotadas de imensa capacidade intelectual, têm uma profunda densidade teórica (fruto de uma formação acadêmica igualmente densa) e respondem aos desafios que lhes são postos com competência e habilidade (independentemente da convergência ou não dos problemas e desafios com suas áreas de formação – ou seja, são pessoas que aprendem o que deve ser aprendido para resolver o que deve ser resolvido).

Formar pessoas competentes sempre foi um desafio nas sociedades, notadamente nos ambientes escolares. Ao que parece, tais desafios tendem a se tornar superlativos, porque os profissionais que hoje trabalham nas instituições educacionais têm se mostrado, infelizmente, cada vez menos adequados à função, fundamentalmente por conta de uma formação equivocada. Enquanto esses profissionais não conseguirem separar conteúdos teóricos de empíricos, não conseguirem resgatá-los historicamente para ressignificá-los, não entenderem a utilidade de seus ensinamentos e não conseguirem aliar a teoria à prática, nossos acadêmicos continuarão tendo a amarga percepção de que a escola é um mal necessário, mas que não os ajudará, de maneira plena, a se tornarem pessoas melhores, cidadãos mais conscientes, profissionais mais competentes e empreendedores mais eficazes.

Felizmente, pessoas como o Prof. Adelar Hengemühle entendem que tal panorama deve ser modificado e, o que é melhor, nos mostram como. Tenho tido o prazer de trabalhar e aprender com ele há quase uma década e tenho visto que seus ensinamentos, quando internalizados e colocados adequadamente em prática, transformam o dia a dia de nossas unidades de ensino em algo diferente – em um ambiente eficiente, devidamente contextualizado e formador de pessoas competentes. Mas, como todo profissional singular, o Prof. Adelar sempre se mostrou insatisfeito com as ideias que defende com afinco e, para melhorá-las, nunca parou de pesquisar.

Como em outros campos do conhecimento (p. ex., economia), a preocupação com o indivíduo e a totalidade de suas dimensões tem alterado os estudos na área da educação. Entender como o cérebro funciona, como as pessoas decidem, como elas aprendem e como as emoções e a afetividade influenciam os resultados do aprendizado é um desafio que tem feito pesquisadores competentes revisitarem seus estudos, ampliarem o escopo de sua pesquisa e aumentarem as áreas de interseção entre a ciência da educação e outras ciências – psicologia, neurologia, biologia, antropologia, sociologia, filosofia, etc. A inclusão das dimensões emocional e afetiva na teoria da ressignificação dos conteúdos e da problematização torna, então, esta obra do Prof. Adelar mais ampla, mais atual e mais importante que as anteriores.

Este é um livro indispensável para todo aquele que se interessa pelo ambiente educativo, principalmente para os professores. Em raras ocasiões temos a oportunidade de nos deparar com uma obra profunda e coerente em seu aspecto teórico, mas que, ao mesmo tempo, se mostra factível e aplicável ao cotidiano de nossas escolas. Essa é outra qualidade do trabalho do Prof. Adelar – seus ensinamentos são testados à exaustão, porque ele entende que teoria dissociada da prática pouco vale. Empreendedores competentes tiram suas ideias do papel. Como empreendedor competente que é, o Prof. Adelar Hengemühle nos mostra como faz e apresenta os passos necessários para que possamos imitá-lo.

Prof. Dr. Tarcísio Tomazoni
Superintendente da Campanha Nacional
de Escolas da Comunidade (CNEC)

Introdução

Há 32 anos como professor, atuando desde as séries iniciais até a pós-graduação, atividade permeada pela função de direção de escolas e faculdades durante 22 anos, sempre fomos acompanhados por desejos, inquietações, ideais e desafios. Desejos de ver na educação a possibilidade de crescimento das pessoas, desenvolvendo suas dimensões e potencialidades e possibilitando-lhes o exercício de sua cidadania nos diversos contextos. Sempre fomos acompanhados do ideal de que, pela educação, é possível contribuir para a humanização da sociedade, para a qualificação da vida e para a preservação do meio ambiente, etc. Nestes anos, construímos caminhos de formação, apoiados por inúmeros teóricos que nos apontam possibilidades em que o conhecimento escolar tem sentido e é útil para a vida, ajudando os estudantes a bem viver, capacitando-os a resolver problemas do seu tempo, a buscar respostas para suas curiosidades, a serem empreendedores, criativos, críticos, com espírito de pesquisa, éticos, com valores morais, capazes de conviver com as diferenças. Somamos a isso a convicção de que as instituições educacionais e os educadores precisam desenvolver suas ações a partir de projetos educacionais de planejamento, levando o idealizado à prática. No entanto, entre os desejos idealizados e a prática, encontramos significativa distância. A distância entre essas duas dimensões é natural; entretanto, na educação brasileira, esse distanciamento é grande demais.

Para responder a inquietações como essas, buscamos a construção de referenciais de projeto pedagógico, plano de estudo e plano de trabalho (Hengemühle, 2010a), de fácil compreensão e aplicação, em que os professores pudessem desenvolver práticas coerentes com os ideais projetados. Em nível de projeto educacional, envolvemos inúmeros conceitos atuais, como formar pessoas competentes e desenvolver suas habilidades. Acrescentamos a essas reflexões antigas angústias de professores e estudantes quanto ao significado e à utilidade (HENGEMÜHLE, 2008a) dos conhecimentos escolares na vida pessoal e profissional de cada um. Exercitamos caminhos que pudessem ajudar na ressignificação dos conteúdos. Neste meio, entramos em nova seara ao percebermos, junto com os professores, que o termo "conteúdo" também estava confuso: os conteúdos empíricos e teóricos estavam todos misturados nos documentos educacionais, o que dificultava iniciar o seu processo de ressignificação, além de limitar a formação do conhecimento científico, no qual o teórico explica o empírico e ajuda a compreendê-lo.

Somado a isso, deparamo-nos com a necessidade de encontrar apoios que provocassem os estudantes na busca de novos conhecimentos. Optamos pelo estudo, a inserção e a aplicação da problematização e a curiosidade para alcançar essa meta. Aqui nos deparamos com outro problema: por estranho que pareça, a maioria dos professores desconhecia o que era um problema. Em todo esse processo, emergiram muitas das questões que estão ocultas em nossas discussões pedagógicas. Entre elas, pudemos averiguar que muito se fala em conteúdo, mas sem ter claro o conceito desse termo e sem conseguir organizá-lo em empírico e teórico. Sem essa clareza, pouca chance de sucesso teremos na prática. Muito se fala em ressignificação, mas, além de não termos ainda claros os conceitos sobre essa questão, também muito pouco se exercitou a respeito, tanto na formação inicial dos profissionais quanto na continuada. O mesmo vale para a problematização, cujos conceitos e aplicações nas práticas pedagógicas ainda estão longe de uma concretização aceitável.

Certo é que, nesse cenário, precisamos analisar a história da formação dos professores. Essa pouco contribuiu com o exercício para tornar o conhecimento escolar útil e com sentido para a vida, de modo a introduzir nas práticas pedagógicas curiosidades e necessidades humanas e desenvolver exercícios mentais reflexivos (p. ex., analisar, argumentar), o que, consequentemente, limita a formação de pessoas competentes e empreendedoras.

Quando nos apropriamos dessas limitações, começamos a entender melhor os problemas que levantávamos nas práticas pedagógicas quando o professor era solicitado a elaborar e a desenvolver a sua aula, partindo de problematizações ou curiosidades do contexto, ressignificando os conteúdos, utilizando-os para analisar e refletir o contexto e, por fim, produzir compreensões teoricamente fundamentadas. Aqui, defrontamo-nos com a base frágil da formação e das práticas dos professores. Comparamos essa fragilidade a um prédio ao qual falta a base estrutural e que, com qualquer intempérie, desmorona.

Durante anos, buscamos compreender melhor os professores: os porquês de suas limitações, os entraves que estavam nos panos de fundo de sua atuação, as resistências que os moviam, entre outras questões. Caminho árduo, difícil, mas cativante, pois sabíamos que tínhamos à nossa frente a possibilidade de contribuir não somente com os estudantes que estão buscando uma formação profissional na área da educação, mas, principalmente, com os professores, profissionais que precisam de novas luzes para motivar-se e cativar os estudantes. Das instituições que dirigimos, procuramos fazer nosso campo de pesquisa e de transformação. Nem sempre conseguimos o ideal, mas sementes foram plantadas. Como professor de graduação, principalmente na disciplina de didática, buscamos ouvir os acadêmicos, futuros docentes, e, a partir da realidade vivenciada por eles, procuramos refletir sobre ela e exercitar a construção de novas práticas didáticas. Em grupos de estudo com colegas, contribuímos para questionar e transformar a prática, levando à produção e à publicação* das conclusões. Em seminários, fóruns, orientações, nos mais diversos níveis de atuação e em vários locais do país buscamos ouvir os professores e contribuir com a reflexão das suas práticas. Pessoalmente, com todo esse processo, somado às nossas outras atividades profissionais nas instituições que dirigimos, continuamos a estudar (doutorado, pós-doutorado, etc.), a produzir e a publicar a caminhada, pois temos a convicção de que precisamos realimentar-nos para ajudar os demais e produzir e publicar para que nossos textos cheguem aos professores, muitos deles ávidos por respostas às suas angústias.

Nessa caminhada, cabe destacar instituições e docentes que aceitaram o desafio de levar os fundamentos à prática, registrar os processos desenvolvidos com os alunos e documentar a trajetória em capítulos de livros. Assim, tivemos o apoio do Colégio Nossa Senhora da Glória, de Porto Alegre (Hengemühle, 2008b), da rede CNEC (Campanha Nacional de Escolas da Comunidade), do estado do Ceará (Campos; Hengemühle; Mendez, 2010) e de um grupo de 13 professores das Faculdades Cenecistas (Hengemühle, 2010b) de vários estados do Brasil. Além desses, sempre

---

* A produção e publicação dos professores é outro aspecto que precisa ser revisto no meio educacional.

fizemos do nosso local de atuação profissional um espaço de investigação. Assim, nesses últimos anos, em muito contribuíram os docentes do Instituto de Educação Cenecista Marquês de Herval e da Faculdade Cenecista de Osório, ambos de Osório/RS, locais onde atuamos como professor e diretor. Sem esquecer a rede La Salle, que muitas oportunidades nos possibilitou. Também muito contribuiu a Comunidade de Entre Rios, Guarapuava/Paraná, onde, no Colégio Imperatriz Dona Leopoldina, tivemos nossos primeiros e profícuos anos de caminhada e reflexões, junto aos professores, na construção dos ideais agora já mais amadurecidos. As reflexões, as práticas e produções de toda essa jornada trouxeram o alento de que precisamos.

    Foi com essa bagagem que avançamos em nossas investigações. No pós-doutorado na PUCRS, entre 2010 e 2011, sob a orientação do Prof. Dr. Juan Mouriño Mosquera, propomo-nos a complexificar e aprofundar nossas reflexões, inserindo nelas novas dimensões. Surge, então, particularmente desde o estudo da Psicologia Positiva, a necessidade de incluir em nossas discussões novos aspectos a partir das reflexões sobre o ser humano, que, para o seu desenvolvimento mais pleno, precisa agregar às dimensões cognitivas a emocional e a afetiva em movimento constante de resiliência. Essas dimensões agora agregadas, inquestionavelmente, qualificaram o processo. A partir das reflexões desenvolvidas, abordamos as dimensões afetiva e emocional não somente no campo das relações humanas, mas também levamos a discussão para o campo do conhecimento significativo e útil produzido pelos estudantes, garantindo-lhes uma relação afetiva e emocional com o novo conhecimento. Com a agregação, ao cognitivo, do afetivo e do emocional, caracterizados pela subjetividade, sabemos que se abre à nossa frente um longo caminho de novos desafios e possibilidades.

    Assim, a produção deste livro é fruto de uma longa e atenta caminhada. No entanto, durante o processo de pós-doutorado e também como forma de aprofundamento dos nossos dados na presente produção, acompanhamos em torno de 15 docentes que haviam participado mais ativamente dessa caminhada nos últimos anos, em especial os docentes do Colégio Nossa Senhora da Glória, de Porto Alegre, o grupo da rede CNEC, do Ceará, e um grupo de docentes do ensino superior da rede CNEC, de vários estados. Somado a isso, toda a investigação e os relatos do presente livro vêm permeados de contribuições grupais ou individuais de docentes, dos acadêmicos das nossas aulas de didática e dos professores participantes dos grupos de estudo e de seminários de reflexão por nós coordenados.

Em toda nossa produção, a meta sempre foi buscar respostas para as angústias dos docentes e para as nossas, além de encontrar, junto com eles, possíveis alternativas para a transformação da educação. Neste livro, novamente, é esse o nosso objetivo. A ele somam-se as reflexões teórico-práticas que nos acompanharam em todos esses anos, às quais acrescentamos as concepções e reflexões de inúmeros colegas da educação básica e do ensino superior, que foram fundamentais para demonstrar que a teoria é possível na prática.

Desejamos a todos boa leitura e que esta obra contribua para que a educação, além de qualificar-se e responder, de forma mais efetiva, aos anseios das pessoas em suas necessidades e curiosidades, possa formar empreendedores competentes, com grande capacidade mental, sujeitos habilitados a responder, de forma fundamentada, aos desafios dos tempos contemporâneos.

Primeira Parte
Estabelecendo referenciais

Os referenciais que movem nossas curiosidades e necessidades

> Temos um mundo externo, imenso, estruturado a partir da cultura, da natureza, de regras preestabelecidas e dos sujeitos que aí vivem. Possuímos também um mundo interno, da mesma forma grandioso, não somente nas áreas cognitivas, mas nas áreas afetivas (desejos e pulsões). Como aproveitar essas relações nas práticas da educação? (Saltini, 1997, p. 14).

Todo fazer humano se manifesta, de uma forma ou de outra, por curiosidades e necessidades. Ao iniciar essas reflexões, queremos registrar os referenciais que nos movem. Na segunda parte, iremos ater-nos à reflexão das práticas pedagógicas. Quando nos indagamos sobre que educação precisamos ou queremos, somos chamados a definir nossas crenças. Assim, abrem-se, à nossa frente, múltiplas possibilidades. Nesse cenário, podemos fazer um recorrido histórico situando-nos e projetando a educação que queremos ou precisamos. Para tanto, podemos concentrar-nos no contexto tecnológico, ou em qualquer outro, ou em todos eles, ao definir as bases da educação almejada. Ou, ainda, podemos focar-nos essencialmente no subjetivo do ser humano e discutir as bases da educação para este fim.

Portanto, temos vasto material e variados caminhos. Congregada nossa caminhada e reunidas nossas principais curiosidades e necessidades, nesse momento optamos em assentar os referenciais nos paradigmas que sugerem ser necessário, na atualidade:

- formar pessoas competentes e empreendedoras;
- desenvolver exercícios mentais reflexivos; e
- envolver os estudantes de forma cognitiva, afetiva e emocional na abordagem e na produção de novo conhecimento.

Sem dúvida, é um recorte das amplas possibilidades que o tema proporciona. No entanto, embora façamos inserções em muitos fundamentos sistemicamente interligados, nosso foco se limita a investigar e a conhecer referenciais do contexto real, embasar a compreensão da realidade e apresentar possíveis encaminhamentos teórico-práticos para as três dimensões citadas.

A presente produção, preocupada em oferecer respostas aos desafios educacionais contemporâneos, irá:
  a) nos referenciais da primeira parte, refletir e situar os seguintes temas: formar pessoas competentes e empreendedoras; desenvolver habilidades reflexivas e integrar as dimensões humanas cognitivas, afetivas e emocionais como pressupostos para a motivação dos estudantes e o sucesso das práticas pedagógicas.
  b) nas dimensões práticas da segunda parte, abordar o conteúdo empírico e teórico; a ressignificação dos conteúdos teóricos; as problematizações e as curiosidades como fontes de provocação do desejo; a metodologia e a avaliação problematizadoras para dinamizar as práticas pedagógicas.

Tanto na primeira, quanto na segunda parte deste livro, estaremos focados em três dimensões:
  a) introduzir o tema a partir de informações dos professores, tecendo um panorama problematizado da realidade;
  b) apresentar referencial teórico para compreender e explicar o contexto real; e
  c) proporcionar possíveis caminhos que possam contribuir com os professores e instituições para transformar o idealizado em prática.

1
Pessoas competentes e empreendedoras: exigências do mundo contemporâneo

> O homem autorrealizado sabe conviver de forma mais clara consigo e com o meio. Identifica os problemas, enfrenta-os, soluciona-os e deixa-os. (Thums, 1999, p. 105).

Os avanços científicos, que resultaram no cenário contemporâneo em que a visão e o agir sistêmicos, as inovações, as novas tecnologias, as distâncias em tempo real, entre o local e o global, foram superadas; as novas compreensões da vida, de forma rápida e permanente, substituem as verdades até há pouco inabaláveis; os valores humanos estão em constante crise; e as preocupações com o meio tomaram dimensões nunca vistas antes, exigem nova postura, nova capacidade de pensar e agir.

Necessitamos resgatar o homem que respeite a vida sistemicamente. Precisamos de pessoas capazes de estabelecer relações de respeito com os outros e com o meio, de visão integrada, que sejam criativas e competentes em apresentar soluções para problemas sempre novos e complexos, respeitando a harmonia da vida. Em síntese, para viver e interagir nesse cenário, exigem-se pessoas com novas competências e nova visão empreendedora. Está posto o desafio para a educação: exercitar a mente das pessoas, capacitando-as para viver e conviver nesse contexto.

PROBLEMATIZANDO AS CONCEPÇÕES DOS PROFISSIONAIS DA EDUCAÇÃO: FORMAR PESSOAS COMPETENTES

Temos consciência de que existe uma distância significativa entre as concepções idealizadas e a efetiva prática pedagógica desenvolvida. No entanto, é mais preocupante ainda quando, há muito, falamos em formar pessoas competentes e ainda não temos esclarecidos os conceitos que nos movem. Nessa situação, a prática da formação fica ainda mais limitada. Precisamos de clareza de conceitos para garantir práticas coerentes.

Para conhecer o que pensam os professores sobre o termo competência, vejamos algumas ideias. Competência é a capacidade de realizar bem uma determinada tarefa, resolver um problema complexo e sempre novo, ou seja, é o sujeito criativo e reflexivo diante dos problemas novos que, hoje, aparecem constantemente. O competente é capaz de mobilizar recursos cognitivos no momento e na forma adequada para operacionalizar, o que nos leva a compreender que é um sujeito que não atua com base em achismos, mas fundamentado em referencial teórico. Sujeito competente caracteriza-se por autonomia, controle emocional, liderança, iniciativa e visão estratégica, situações essas que deixam claro que esse não é apenas um sujeito com conhecimento técnico, mas também emocionalmente estável. Gosta de inovações, busca o novo, tem autonomia, gosta do que faz e sabe trabalhar em grupo, dados esses que acrescentam mais qualidades ao sujeito competente que tem espírito investigativo e busca agregar-se em equipe. Atinge com excelência os objetivos para os quais se propõe, superando-os, e não se limita ao que foi contratado, mas contribui, busca desafios, supera metas, gera riqueza e faz a diferença onde quer que atue, o que novamente demonstra um perfil empreendedor e que não se contenta com a situação encontrada. Competência é a capacidade de articular, analisar e proporcionar solução adequada (menor custo, respeitando-se a responsabilidade social e ambiental) aos problemas, compreensão essa que nos confronta com a necessidade de pensarmos sistemicamente as nossas ações.

Dos depoimentos, também destacamos uma reflexão significativa em relação ao estudante competente que é aquele aluno responsável, seguro nas suas ações, que utiliza argumentação na resolução de situações-problema. É o denominado aluno que tem pensamento crítico e visão múltipla dos fatos.

A partir dessas ideias, pudemos simplificar o termo competência e aproximá-lo mais ao linguajar do contexto educacional. No entanto, é também a partir dessa compreensão que percebemos quão longe estão as práticas pedagógicas comumente desenvolvidas, quando se trata de formar pessoas competentes. O grande distanciamento entre as necessidades das pessoas na contemporaneidade e as práticas formativas nos espaços educacionais é tema constante de reflexão. Aliás, essa questão também foi lembrada por um professor ao dizer que uma das maiores queixas acerca da formação acadêmica é a distância entre as necessidades do mercado e as habilidades e competências desenvolvidas pelas instituições de ensino superior. Queixa essa muitas vezes ouvida no meio profissional onde os recém-formados não são satisfatoriamente competentes para assumir as funções para as quais obtiveram titulação.

Ao final das considerações dos professores, fica a constatação: concordamos com as concepções acerca dos conceitos relacionados, os quais caracterizam pessoas competentes; concordamos, também, que essas características são fundamentais para a pessoa no contexto contemporâneo; no entanto, como já afirmamos, as práticas educacionais estão muito distanciadas da formação almejada e necessária. Isso precisa ser revisto.

Para refletir as ideias dos professores e consolidar nossas concepções, vamos recorrer, a seguir, a alguns referenciais teóricos.

FORMAR PESSOAS COMPETENTES: REFLETINDO CONCEITOS

O termo competência tem sido lembrado continuamente nos discursos e nos documentos institucionais. Nesse sentido, nos últimos anos, muitos ranços permearam, por exemplo, as mentes dos pedagogos e dos empresários. Os primeiros defendem que o termo satisfaz o mercado que visa ao lucro, com fins apenas econômicos. Muitos empresários o usam para falar em qualidade, em produção. Destes últimos também escutamos, constantemente, que as escolas, os cursos técnicos e o ensino superior não formam pessoas competentes para o mercado.

Compreendemos que o termo competência pode trazer contribuições significativas e qualificar a formação das pessoas no atual cenário. Essa realidade, no entanto, exige mudanças estruturais na formação dos professores e nas suas práticas.

De acordo com pensadores (PERRENOUD, 1999) competência é a capacidade do sujeito para mobilizar recursos (cognitivos) com o objetivo de abordar uma situação complexa. Acrescenta-se a essa afirmação que competência em educação é a faculdade de mobilizar um conjunto de recursos cognitivos – como saberes, habilidades e informações – para solucionar com pertinência e eficácia uma série de situações complexas fora da rotina. Assim, o sujeito competente tem mente diferenciada para agir em situações complexas e sempre novas, dado esse, aliás, já confirmado pelos professores.

Outras concepções (Bordoni, 2011) afirmam que educar para competências é ajudar o sujeito a adquirir e desenvolver condições e/ou recursos que deverão ser mobilizados para resolver a situação complexa. Ainda, de acordo com o Departamento da Educação Básica (DEB), de Lisboa, competência é o "saber em ação" ou "o agir em situação" (Portugal, 2001). O conceito de competência pode ainda ser apresentado como o conjunto de conhecimentos, habilidades e atitudes demonstrados pela pessoa na realização de uma tarefa. Dizemos que somos competentes numa atividade quando esse conjunto de comportamentos apresentados resulta no sucesso para a realização daquela atividade. Começamos a esclarecer nosso conceito de que a pessoa competente, utilizando-se de exercícios mentais reflexivos (argumentar, analisar, refletir, compreender, etc.), estando embasada teoricamente, executa com sucesso suas ações (atitudes).

Seguimos com mais um conceito (Mello, 2003) que sugere a competência como a capacidade de mobilizar conhecimentos, valores e decisões para agir de modo pertinente numa determinada situação. Em resumo, se o sujeito é mais ou menos competente, será percebido por meio das ações que realiza.

Uma importante contribuição para a formação de pessoas competentes sugere (Wilke, 1990) que visar ao desenvolvimento de competências é quebrar a cabeça para criar situações-problema que sejam, ao mesmo tempo, mobilizadoras e orientadoras para aprendizagens específicas. Temos, nesse último, um indicador muito importante para ajudar os professores a formar pessoas competentes, ou seja: eles precisam criar ou incorporar situações-problema significativos do contexto em suas práticas.

Portanto, já temos dados para afirmar que formar pessoas competentes pressupõe partir da realidade problematizada e desafiar os estudantes, levando-os a apropriar-se de modo significativo dos conhecimentos teóricos para que possam agir com fundamento científico diante das mais diversas situações com as quais são confrontados na vida.

No entanto, Perrenoud (1999, p. 76) alerta que é inútil creditar grandes esperanças em uma abordagem por competências se, ao mesmo tempo, entre outras medidas, a transposição didática não for reconstruída, o ensino não for diferenciado e a formação dos docentes não for reorientada. É exatamente isso que percebemos: mudamos nossos discursos, mas na prática os avanços são percebidos de forma muito lenta ou nem são percebidos.

FORMAR PESSOAS COMPETENTES: REFLEXÕES PARA A EDUCAÇÃO

No contexto educacional brasileiro, facilmente percebemos o distanciamento entre os conceitos e as concepções dos professores, os referenciais teóricos apontados e as efetivas práticas pedagógicas desenvolvidas. Como pudemos averiguar, formar pessoas competentes está distante de passar uma lista de conteúdos, teóricos ou não, para os alunos, levando-os a decorar fórmulas, leis e conceitos, fatos históricos não ressignificados, com o objetivo de repeti-los na hora da avaliação. Sujeito assim formado, ao inserir-se no contexto da vida real, pouco uso vai poder fazer dessa enorme quantidade de informações acumuladas durante a sua vida de estudante.

Analisando os referenciais teóricos e as concepções da maioria dos professores investigados, fica evidente que formar pessoas competentes significa exercitar o seu cérebro para que sejam capazes, embasadas em conhecimentos, de resolver problemas complexos. Pressupõe-se, então, que na prática pedagógica os professores:

- insiram, a partir do princípio de que a pessoa aprende do próximo para o remoto, problemas ou curiosidades do contexto dos estudantes;
- utilizem os conhecimentos teóricos para poder explicar essas situações; e
- levem os estudantes à compreensão e posterior aplicação ou explicação dos conhecimentos em seu fazer, capacitando-os a resolver problemas sempre novos.

Aproxima-se, portanto, o estudante no seu contexto, inserindo-o munido de base teórica que lhe possibilitará compreensão para um agir diferenciado e competente. A educação brasileira ainda está distante de alcançar esses objetivos; logo:

- para inserir problemas no contexto das aulas, o professor precisa ter claro o que é problema, e a maioria tem dificuldade;
- para analisar os problemas ou as curiosidades do contexto e explicá-los com base nos conteúdos teóricos, o professor precisa saber sua utilidade e o seu sentido de ser, e a maioria também tem dificuldade; e
- para exercitar a formação de pessoas competentes, o professor precisa desenvolver metodologia e avaliação problematizadora, em que, igualmente, a dificuldade é grande.

Se não forem vencidas essas etapas, seja na formação inicial, seja na continuada, poucas chances teremos de formar pessoas competentes.

2
Formar pessoas empreendedoras: necessidade do contexto contemporâneo

> Toda a atenção está voltada para a empresa (quando, na verdade, o indivíduo está preocupado, quase exclusivamente, com o seu bem-estar econômico, seu estar pessoal. (Thums, 1999, p. 106).

A formação de pessoas empreendedoras, no atual cenário, torna-se necessidade estratégica, seja no campo pessoal quanto à empregabilidade, seja no campo institucional para o desenvolvimento. Não tratamos o tema apenas sob o prisma econômico. No atual contexto, precisamos de visão e ação sistêmicas. Logo, a necessidade do espírito empreendedor também se estende a todas as dimensões da vida, como veremos a seguir. No entanto, é importante esclarecer a interação dos termos competência e empreendedorismo. Temos claro que a formação do empreendedor passa pela formação de pessoas competentes. Ou seja, ambos são compreendidos como o perfil de pessoas que têm um olhar aguçado para detectar os problemas, buscando para eles soluções e compreensões embasadas teoricamente. Ambos necessitam do espírito de pesquisa constante, movimentando-se com olhar interessado, atentando, entre outros, para os detalhes das questões em análise.

Como o conceito de empreendedorismo tem merecido muita atenção na atualidade, decidimos analisá-lo de forma destacada em nossa abordagem.

PROBLEMATIZANDO AS CONCEPÇÕES SOBRE EMPREENDEDORISMO A PARTIR DOS PROFISSIONAIS DA EDUCAÇÃO

Assim como na abordagem das competências, aqui também, inicialmente, situamos o tema a partir do que pensam os educadores investigados. Apresentamos as ideias com algumas reflexões.

O empreendedorismo é a arte de inovar, revolucionar, criar o que ainda não existe. Portanto, já iniciamos com a ideia do sujeito em movimento. Um sujeito empreendedor é ágil, tem personalidade forte, é criativo, explora novas ideias e conhecimentos, tem objetivos claros, dá os primeiros passos. Afirmam o professores que empreendedorismo é a capacidade e habilidade de criar e executar projetos e ações que gerem resultados positivos; portanto, são pessoas hábeis que executam os projetos e realizam as ações. Segue a ideia de que o empreendedor tem habilidade para trabalhar em equipe, tem persistência, sabe planejar com visão longa de futuro e coragem de correr riscos, demonstra atitude de respeito humano e é autônomo. Todas essas são características de pessoas diferenciadas e tão necessárias em nossa sociedade.

Seguem as ideias da necessidade de o empreendedor pautar-se pelos princípios da sustentabilidade, da responsabilidade social, da consciência de reduzir custos (p. ex., desligando a luz ao sair e deixar uma sala vazia) e, preocupado com as necessidades da comunidade, portanto com cuidado e visão sistêmica no seu agir. Na área econômica, ele é visto pelos investigados como a pessoa que dispõe de habilidades e competências para criar, abrir e gerir um negócio, gerando resultados positivos. É também lembrado como alguém essencial para a geração de riquezas em um país, promovendo o crescimento econômico e melhorando as condições de vida da população. Além disso, é também um fator importantíssimo na geração de empregos e renda. Por fim, é identificado como uma pessoa ousada, que corre riscos em prol do inovar, aproveitando as oportunidades para fazer a diferença, superando os obstáculos.

Compreendemos que a formação do perfil de empreendedor tem várias dimensões. Na escola, essas características já podem ser observadas nos estudantes pela sua capacidade de iniciativa, de agir dinamicamente e de relacionar fatos cotidianos com o conhecimento científico, ou seja: a capacidade de ter uma visão interdisciplinar.

A formação do perfil de empreendedor, acreditamos, tem origens na personalidade e contribuição do meio cultural em que o sujeito vive. No entanto, também temos a convicção de que o processo educacional pode ajudar a despertar e a desenvolver esse perfil. Nesse sentido, os professores investigados chamam atenção de que a academia tem o compromisso de contribuir na construção do conceito de empreendedorismo a partir dos valores e princípios organizadores da sociedade atual.

Como na competência, aqui, ao tratar da formação de empreendedores, os professores investigados contribuem para que possamos, a partir da realidade, tomar conhecimento sobre os conceitos que permeiam o termo. Novamente, ao nos depararmos com os conceitos expressos sobre o empreendedor e a necessidade desse perfil na contemporaneidade, damo-nos conta da distância existente entre o idealizado e necessário e as práticas pedagógicas desenvolvidas ainda hoje em nosso meio.

Após clarear os conceitos sobre o empreendedor, apresentamos referenciais teóricos para refletir o tema.

FORMAR EMPREENDEDORES: REFLETINDO CONCEITOS

Assim como a competência, o empreendedorismo historicamente foi relacionado aos meios de produção econômica. Aliás, existem, ainda hoje, muitos ranços, em especial entre muitos educadores, de que essa discussão tem o fim único de explorar a mão de obra das pessoas para obter o bem-estar financeiro de pequenos grupos. Sabemos que esses desequilíbrios sociais são realidade. No entanto, defendemos que formar pessoas competentes e empreendedoras também irá contribuir para diminuir as sequelas sociais que distanciam ricos e pobres. Portanto, abordamos o tema sob a ótica na qual a educação possa contribuir sistemicamente na formação de pessoas social, ecológica e economicamente responsáveis. Ou seja, o espírito empreendedor adquire dimensões que se estendem a todas as dimensões da vida, contribuindo para a solução de problemas, a compreensão dos contextos e para o fomento de ideias que venham ao encontro da humanização da vida.

Para ajudar-nos na reflexão, recorremos a pensadores (Dolabela, 2003) que afirmam ser o empreendedor profissional criador que muda qualquer área do conhecimento humano. Está sempre pensando no futuro, originando novos métodos para melhorar algo. O empreendedor (McClelland, 1961) é um sujeito motivado por uma irresistível necessidade de realização e por um forte impulso para construir. Construir, em nossa visão, um contexto-mundo-vida, em que todos os seres vivos possam viver e conviver.

Defendem os teóricos (Dolabela, 2003) que precisamos de um novo conceito de empreendedorismo, voltado para a sustentabilidade como meio para alcançar a sobrevivência e, logo, a prosperidade em todas as áreas em que o empreendimento se situa. Portanto, estamos falando de mentes diferenciadas que, ao confrontar-se com problemas do seu contexto social ou profissional, são capazes de reagir com respostas incomuns nas mais diversas áreas.

Pelo contexto vivido, constata-se (DOLABELA, 2003) que no Brasil o foco central do empreendedorismo deve ser o desenvolvimento social, tendo como prioridade o combate à miséria, oferecendo-se como um meio de geração e distribuição de renda. Portanto, a preocupação e o foco do empreendedorismo estão relacionados à capacidade de gerar riquezas acessíveis a todos. Como geralmente a renda concentrada teima em não se distribuir, é importante que ela seja gerada já de forma distribuída. É disso que cuida o empreendedorismo. É uma nova concepção de empreendedor. Preocupa-se com o bem-estar das pessoas e do meio em sua integralidade.

Percebemos, assim, que a ação do empreendedor se estende a todas as dimensões da vida, não se relacionando apenas com a econômica. Tem antes uma conotação social, cujo preceito ético é gerar utilidade para os outros. É esse também o seu referencial ético, com o qual nós concordamos. Nessas reflexões, por si só, descortinam-se novas janelas da dimensão humana para o empreendedorismo: a vida e o ser humano em suas dimensões sistêmicas – relações, amor, afeto, emoções, felicidade, resiliência, desafios e bem-estar social, entre outros. Portanto, o empreendedor é visto aqui como alguém preocupado com a inteireza da vida, em que os sujeitos harmonicamente possam viver e desenvolver suas potencialidades.

A formação de pessoas empreendedoras ou também competentes (termos complementares e não fragmentados) exige, portanto, uma nova visão e compreensão do homem, em dimensões talvez pouco exploradas até o momento. É preciso vencer os ranços históricos que distanciam a discussão do empreendedorismo do contexto educacional, como também já frisado em relação à competência. Precisamos repensar esses conceitos, pois muito poderão contribuir para a formação de pessoas capazes de responder aos desafios e às necessidades do contexto contemporâneo.

FORMAR PESSOAS EMPREENDEDORAS: REFLEXÕES PARA A EDUCAÇÃO

Como nas competências, formar pessoas empreendedoras exige, também, uma nova postura pedagógica e mudança da didática. Indaga-se como é possível exercitar mentes inovadoras, criativas, transformadoras, persistentes, diferenciadas em seu agir, munidas de bases conceituais para ações embasadas em uma educação que, em geral, limita-se a passar informações pouco significativas e a cobrar a sua repetição. Não é por acaso que, historicamente, as mentes mais iluminadas, para não dizer mais empreendedoras, foram expulsas ou desistiram das escolas e tornaram-se, por esforços individuais, referências em descobertas e inovações. Está na hora de repensar os sistemas educacionais, se quisermos responder aos anseios dos nossos estudantes e ajudá-los a se tornarem cidadãos com visão empreendedora, contribuindo para que o coletivo possa promover a humanização qualificada da vida.

Talvez nos sintamos muito incomodados neste momento, pois encontramos nas falas e nas bases teóricas distanciamento relevante em relação à prática. Talvez adiante algumas respostas apareçam; neste momento, no entanto, apenas nos atemos a afirmar que a educação desenvolvida hoje, seja básica ou superior, necessita mudar. Durante a formação dos novos professores, esses precisam perceber no seu mestre o exercício das práticas que queremos que sejam desenvolvidas pelos futuros profissionais. Isso por si só, sabemos, é um grande desafio. Os problemas e as curiosidades, mais diversos possíveis, precisam ser inseridos nas salas de aula para exercitar o futuro docente. Os conteúdos necessitam de sentido e serem vistos como úteis. Somadas a isso, a metodologia e a avaliação precisam exercitar os estudantes de modo que adquiram bagagem sólida e aplicável em sua vida profissional. Enquanto os professores do ensino superior continuarem falando sobre teorias e não as exercitarem, dificilmente teremos um novo professor em nossas instituições escolares, pois esse continuará a repetir os modelos de aulas das quais participou durante a sua formação.

Portanto, formar profissionais competentes e empreendedores exige rever o modelo de escola, de professor e das práticas pedagógicas.

3
Formar empreendedores competentes, focados no desenvolvimento de habilidades reflexivas

> Identificar variáveis, compreender fenômenos, relacionar informações, analisar situações-problema, sintetizar, julgar, correlacionar e manipular são exemplos de habilidades. (Moretto, 2001).

A humanidade, pela sua natureza inquiridora, sempre criou novos movimentos e novas perspectivas. Encontrar respostas para os porquês da vida, para as curiosidades e necessidades humanas em todos os tempos sempre foi a tônica dessas inquietações. Pelo conhecimento adquirido até o momento, esse movimento se processa na mente humana. Portanto, é ela que precisamos conhecer. É para o seu desenvolvimento que precisamos focar a didática das práticas pedagógicas.

Nesse sentido, historicamente, percebemos avanços e retrocessos na educação. Em algumas épocas, tudo indica que bastava à educação formal a transmissão de informações que os estudantes armazenavam em sua mente e, na hora da avaliação, repetiam com o objetivo de alcançar nota suficiente para passar de ano ou concluir um curso. Por trás dessas práticas, também se manifestavam ideologias, pois constituíam-se sujeitos docilmente preparados para cumprir ordens e repetir, novamente, em seu contexto pessoal ou profissional, o que alguém mais iluminado havia determinado. Bastava que a memória conseguisse repetir o que lhe havia sido passado, e o sujeito estava "formado".

Com o passar do tempo, as investigações sobre o humano e, em especial, sobre a mente avançaram (Vygotsky, 1993). Em consequência, a ciência deu saltos e provocou novas necessidades. A compreensão do homem que se desenvolveu, em especial, a partir do século XX, possibilitou enxergá-lo sob novo prisma, e novas compreensões começaram a emergir, passando-se a entender melhor a estrutura mental que provoca a motivação, o processamento das informações, enfim, como o sujeito aprende. As ricas individualidades humanas, as novas formas de trazer à tona o vasto mundo interior escondido em cada um, entre outros, geraram um novo cenário de desenvolvimento.

Toda essa caminhada histórica apresenta-nos, hoje, um contexto em constante movimento, em que o caos e a nova ordem, o espírito de pesquisa, a capacidade de aguçar o olhar, a análise, a reflexão, a argumentação, a compreensão e a confrontação com problemas sempre mais complexos exigem um novo exercício mental. Precisamos sair do processo de receber passivamente as informações, decorando-as e repetindo-as, para olhar a realidade, detectar os problemas, as curiosidades, as situações e os fatos que permeiam nossa vida pessoal e profissional e, apoiados por conhecimentos herdados e constantemente reconstruídos, desenvolvermos a capacidade de analisar, comparar, argumentar, refletir, compreender e reconstruir nossos contextos. Estamos vivendo, fruto da evolução da mente humana, um novo cenário que clama por novas posturas didáticas.

Logo, a atualidade exige mudança na formação dos professores, na ação pedagógica e, em especial, no tratamento significativo e problematizado dos conteúdos, no encaminhamento metodológico e avaliativo das práticas pedagógicas. Exige o desenvolvimento de habilidades mentais reflexivas, diferentes das anteriormente desenvolvidas. Para refletir esses cenários e construir possíveis contribuições para a educação, analisamos o tema a partir do pensamento dos educadores.

PROBLEMATIZAÇÃO DAS CONCEPÇÕES SOBRE HABILIDADE A PARTIR DOS PROFISSIONAIS DA EDUCAÇÃO

Analisar o termo "habilidade" sob a ótica da atualidade exige uma mudança cultural nas práticas pedagógicas e confronta o paradigma de educação ainda vigente. Partimos do fato de que o professor foca sua aula em uma lista de conteúdos a serem transmitidos. Tomemos agora esses conteúdos teóricos, problematizados ou aderentes a curiosidades do meio empírico, provocando o estudante a exercitar a mente, desenvolvendo a capacidade reflexiva. Muda o foco e muda, ou deveria mudar, a formação dos professores e a sua prática. Sabemos que essa mudança acontece de forma muito morosa, pois estamos impregnados de toda bagagem cultural com que o professor estava acostumado a transmitir fórmulas, conceitos, leis, utilizando-se de livro único ou apostila. O aluno, por sua vez, acostumou-se a fazer esquemas, decorando e repetindo as informações na hora da avaliação, para obter nota suficiente e receber o diploma. Agora, professor e alunos são solicitados a exercitar a mente por meio de novos métodos e novas metas.

Temos observado com os docentes que existe muita dificuldade, primeiro, em conceituar essa nova concepção e, depois, em exercitá-la coerentemente. Quando indagados sobre o conceito e a compreensão de habilidade, ouvimos dos professores que se trata de fazer o aluno conseguir encontrar os instrumentos adequados para realizar a tarefa que lhe foi colocada. Indagamos: que instrumentos são esses? A habilidade também é conceituada como a aquisição de conhecimentos que mudam valores na realidade. Embora de forma vaga, percebe-se a referência ao termo conhecimento para, por meio deste, mudar os valores do contexto.

A habilidade também é entendida como processo mental que demanda ações. Os professores portadores desse conceito afirmam que a efetivação prática da habilidade se dá na compreensão das relações e contextualizações em diferentes escalas de análise, articulando elementos empíricos e conceituais, concernentes ao conhecimento científico dos processos espaciais e organizando a prática pedagógica pautada em exercícios de identificar, descrever, compreender, analisar e explicar. Embora a abordagem esteja sintetizada, percebemos que, ao refletir o fazer, os professores abordam exercícios mentais diferenciados do passado (decorar, repetir), estando muito aderentes às necessidades atuais. No entanto, ainda carecemos de apontamento mais claro.

Segue ainda a ideia dos investigados de que as habilidades decorrem das competências adquiridas e referem-se ao plano imediato do saber fazer, sendo entendidas como "microcompetências" ou "competências mais específicas". Para levar esses conceitos à prática, os professores afirmam ser necessário criar situações-problema que possibilitem o exercício das habilidades e competências propostas no plano de ensino. Novamente, tanto na conceituação quanto na prática, as compreensões são muito confusas e genéricas.

Embora possamos retirar das afirmações desses professores subsídios na tentativa de ordenar o fazer pedagógico, percebe-se que eles têm dificuldades na conceituação, além de faltar clareza sobre como organizar práticas pedagógicas cujo foco seja a mente envolvida com exercícios reflexivos. Essas dificuldades têm sido percebidas em todos os níveis de ensino. Tornar o exercício mental reflexivo como a "voz de comando" na metodologia e na avaliação (argumente, compare, analise, reconstrua, etc.) é um dos grandes desafios da educação na contemporaneidade. É preciso transpor o paradigma da transmissão, da decoreba e da repetição para, a partir de curiosidades e problemas do contexto e com o apoio dos conteúdos teóricos, exercitar a mente a ser capaz de identificar, analisar, refletir, argumentar, compreender e reconstruir. Sem a mudança desse modelo, teremos poucas chances em afirmar que a escola forma pessoas competentes e empreendedoras ou, mais que isso, torna os processos educacionais motivadores e voltados para atender às necessidades, aos desejos e às curiosidades humanas. Precisamos desconstruir concepções históricas; isso, no entanto, não se faz em um passo de mágica. Novamente lembramos que é urgente rever a formação dos professores, investir na sua formação continuada, principalmente no interior das instituições. É preciso paixão pelo fazer, projeto pessoal de reflexão teórico-prática, disciplina e persistência em reconstruir nossas histórias de vida, revendo e mudando rumos.

Dito isso, vejamos alguns referenciais teóricos para compreender e elucidar melhor as concepções dos professores sobre habilidades.

HABILIDADES REFLEXIVAS: CONCEPÇÕES TEÓRICAS

No desenvolvimento de pessoas competentes e empreendedoras, facilmente deduzimos que não podemos educá-las apenas com a capacidade de repetir o que lhes é legado. Pelo contrário, são sujeitos que precisam de mentes apuradas para lidar com situações sempre novas ou com o desejo de aventurar-se em situações fora da rotina, para atender às necessidades do seu meio ou às curiosidades inerentes à natureza humana. Portanto, transmitir, decorar e repetir são exercícios mentais que já não dão conta dessas necessidades humanas. Precisamos de mentes perquiritórias, com espírito de pesquisa, inquietadas pelos porquês constantes em seu pensar e agir. Nesse sentido, torna-se urgente incorporar em nossas reflexões e práticas pedagógicas a discussão do desenvolvimento de habilidades reflexivas, também denominadas superiores. Para fundamentar-nos, trazemos alguns referenciais.

Apoiamo-nos novamente em teóricos (Moretto, 2001) para embasar as compreensões sobre o tema. Neles constatamos que a habilidade está associada ao saber fazer algo específico. As habilidades reflexivas definem novas vozes de comando para a metodologia e a avaliação; ou seja, identificar, relacionar, correlacionar, aplicar, analisar, avaliar e manipular com destreza. Não mudam apenas os verbos, muda o paradigma educacional. Passamos de decorar e repetir para relacionar, analisar, manipular, etc. Essa passagem exige nova ação pedagógica.

Não podemos mais conceber que os estudantes continuem a decorar conteúdos, mas eles precisam agora exercitar habilidades reflexivas e, por meio delas, adquirir as competências almejadas. Em vez de decorar, os alunos agora identificam problemas, compreendem fenômenos, relacionam informações, analisam problemas, correlacionam e manipulam. Ou seja, estamos desenvolvendo habilidades reflexivas, utilizando-nos dos conteúdos como meio. Chamamos atenção especial para esta afirmação: por meio dos conteúdos, desenvolver habilidades. Como veremos mais adiante, o conteúdo representa, em níveis diferentes, todas as dimensões da vida. Portanto, é a partir do olhar sobre a vida, da inclusão significada e problematizada desta (curiosidades, problemas) no contexto educacional, etc., que poderemos exercitar a mente e alcançar o perfil almejado.

Aqui cabem também outras considerações sobre o tema, fruto das experiências vividas com os professores. Se a competência está relacionada à ação e a habilidade, ao exercício mental, sabemos que, entre o exercício mental, que vem antes da ação, e a ação, existe espaço e tempo. Dependendo do momento e da situação, o intervalo entre o exercício mental e a ação se dá em uma fração de segundos. Em outros momentos, a mente necessita de tempo maior de reflexão antes de agir. O exercício da mente e a ação não estão dissociados. Ocorrem quase que simultaneamente. Para fins didáticos, o professor precisa exercitar a mente (exercícios reflexivos) a partir do contexto (conteúdos empíricos problematizados e significativos), fundamentando os argumentos, as reflexões (embasado nos conteúdos teóricos), para capacitar o sujeito ao agir empreendedor e competente. Portanto, conteúdo (empírico e teórico), habilidades e competências formam um trinômio inseparável na ação pedagógica. As três dimensões desenvolvidas com qualidade podem garantir, de forma mais plena, o resultado almejado.

DESENVOLVER HABILIDADES REFLEXIVAS: CONTRIBUIÇÕES PARA A EDUCAÇÃO

Com base nos conceitos das habilidades reflexivas, seguem algumas possíveis contribuições para ajudar professores e instituições educacionais. Em princípio, cabe frisar que a formação inicial e continuada dos professores precisa ser revista, assim como devem ser revistos o modelo educacional e a gestão e organização das instituições. Isso passa, primeiramente, pela mudança de postura dos atuais formadores de professores e dos gestores da área educacional. Na sua formação, o paradigma aqui discutido pouco foi exercitado.

Para transformar esse cenário, com foco no desenvolvimento de habilidades reflexivas, sugerimos algumas ações que podem ajudar a elucidar e repensar as práticas, tanto para a educação básica quanto para a superior:

a) Formação continuada no interior das instituições focada na reflexão teórico-prática, entre o proposto pela instituição e o efetivamente desenvolvido. Não podem ser descartadas formações continuadas externas (congressos, fóruns, etc.), no entanto, se não houver esse processo interno, as outras terão pouca valia.

b) Tendo claro o conceito de perfil almejado pela escola ou pelo curso, os professores refletem como será a prática pedagógica para que o perfil seja desenvolvido.

c) Em seguimento, além de deparar-se com discussões relacionadas com os conteúdos, ressignificação, problematização, metodologia e avaliação, termos que serão tratados mais adiante, a clareza sobre o conceito de habilidade e as suas dimensões na prática será fundamental. Como pudemos perceber nas falas dos professores, há muita confusão. Para clarear os conceitos e encaminhar a prática, embasados no referencial teórico,[1] podemos afirmar:

- habilidades são exercícios mentais reflexivos, ou também denominados superiores, ao decorar e repetir;
- habilidades são expressas por meio de verbos de ação, como identificar, sensibilizar, analisar, refletir, argumentar, comparar, compreender, reconstruir e aplicar;
- a mente humana, ao deparar-se com uma situação nova, normalmente processa as informações em vários momentos, como o inicial (identificar, sensibilizar-se, etc.) e o intermediário (analisar, refletir, argumentar, comparar, etc.), para, finalmente, ser capaz de compreender, reconstruir e aplicar; e

- a lógica mental anterior orienta e encaminha a metodologia e a avaliação das práticas pedagógicas; ou seja, se quero que o sujeito seja capaz de, por exemplo, identificar, analisar, argumentar, compreender, durante a prática pedagógica, preciso adequar os processos para que ele exercite essas habilidades e, na avaliação, demonstre que as desenvolveu de forma satisfatória.

Portanto, para clarear os conceitos e refletir as práticas pedagógicas, os professores podem desenvolver o exercício a seguir:

Habilidades a serem desenvolvidas	Conceitos/ significados que os professores atribuem a essa habilidade	Como será, passo a passo, a metodologia da aula para desenvolver a habilidade[2]	Como será a avaliação para conhecer o nível de desenvolvimento da habilidade
Identificar			
Analisar			
Refletir			
Argumentar			
Compreender			

Fonte: O autor.

No exercício acima, fica evidente que a habilidade encaminha e define a metodologia e a avaliação. É comum perceber que os professores têm dificuldades em atribuir conceitos simples e compreensíveis aos termos.[3] Sem esse entendimento, teremos limitadas possibilidades em avançar nas discussões sobre o desenvolvimento das habilidades no decorrer das práticas pedagógicas.

A nosso ver, esse exercício de formação e reflexão continuada no interior das instituições é fundamental. Mudar o paradigma compreende esforço individual e coletivo. Temos percebido que o processo não é fácil. Acompanhamos professores com discursos muitas vezes bem elaborados e bem fundamentados, mas que na hora da prática utilizam o método de transmitir conteúdos teóricos que os estudantes decoram e repetem. O mesmo segue no momento da avaliação, a qual está "recheada" de questões de pura "decoreba", em que perguntas iniciando com "quem", "quais" e "onde" ou expressões como "marque verdadeiro ou falso", "complete" e "cite" são a tônica. Na melhor das hipóteses, alguns até escrevem no cabeçalho das provas que irão avaliar habilidades como argumentar, comparar, etc., contudo, ao analisar a questão apresentada, percebemos que ela continua distante do proposto. Ao dialogar com os professores, percebemos que eles, muitas vezes, nem se dão conta do que estão fazendo, pois a cultura impregnada é tão forte que nem percebem a incoerência do seu fazer.

Para mudar as práticas pedagógicas de modo que o professor desenvolva habilidades reflexivas, temos ainda um longo caminho e um sonho a ser perseguido. No entanto, se tivermos projeto, planejamento, disciplina e persistência, tanto na formação inicial como na continuada, no interior das instituições ou, ainda, nas buscas individuais de cada docente, há esperança de alcançar as metas na educação de pessoas competentes e empreendedoras. Sem dúvida, é no desenvolvimento das habilidades que reside o maior entrave de mudanças na educação, segundo nossa percepção. Parece simples migrar de práticas pedagógicas que exercitavam a mente em decorar e repetir para exercícios de análise, reflexão, argumentação e compreensão. No entanto, isso interfere em todo o sistema educacional, com as práticas desenvolvidas e, o que é mais complexo, com a cultura instalada que causa a cegueira docente.

NOTAS

1 Além desse referencial teórico, essa abordagem também já foi desenvolvida em nosso livro *Gestão de ensino e práticas pedagógicas*, 6. ed., Petrópolis: Vozes, 2010a. Inclusive, nesse mesmo livro, foram apresentados referenciais de projeto pedagógico, plano de estudos e de trabalho que exemplificam a prática.
2 Embasados nos referenciais de metodologia e avaliação desenvolvidos na segunda parte do livro, os professores podem elaborar práticas pedagógicas, discutindo as aproximações e os distanciamentos entre a prática e as habilidades almejadas. Outra consideração importante: na metodologia, vamos definir como as habilidades serão desenvolvidas e, na avaliação, como serão avaliadas.
3 Os professores, por exemplo, precisam ter claro o conceito de analisar, refletir, compreender, argumentar, entre outros.

4
As dimensões cognitiva, afetiva e emocional contempladas na educação

> O conhecimento só produz mudança na medida em que também é conhecimento afetivo. (SPINOZA).

Nossos pressupostos sugerem que o processo educativo seja motivador, significativo, instigador, de modo a aguçar a curiosidade e provocar a necessidade dos estudantes, integrando e envolvendo as dimensões cognitiva, emocional e afetiva, não restritas ao nível das relações pessoais, mas aplicada, principalmente, na relação com os novos conhecimentos a serem abordados ou reconstruídos durante o processo. Esse é o elemento que queremos acrescentar às históricas reflexões; ou seja, a relação afetiva e emocional, focada nas relações pessoais, agora as ultrapassa e encontra o campo da relação com o conhecimento.

Temos consciência de que a educação precisa desenvolver ao máximo as dimensões e potencialidades humanas. Essa é a missão maior de todo ato formativo. A amplitude dessa natureza humana está permeada pelo subjetivo do sujeito que, em movimento constante, desloca-se na busca da satisfação de suas necessidades e desejos, nos quais estão implícitas as relações humanas, mas também a busca em conhecer por que as coisas são como são. As motivações levam-nos a fazer da busca um processo provocante e instigador, e não uma tarefa da qual precisamos dar conta e dela nos livrar.

De acordo com Morin (2000a), precisamos ensinar a condição humana. O ser humano é a um só tempo físico, biológico, psíquico, cultural, social e histórico. Esse deveria ser o objeto essencial de todo o processo de aprendizagem. É nessa amplitude que se realiza a unidade e a diversidade de tudo que é humano. São as dimensões da pessoa, permeadas pelo seu entorno, que criam o ambiente educacional.

Como educadores, precisamos atentar para a complexidade mental e a sua não uniformidade. Os pensadores (Colom, 2004) lembram que o cérebro é um produto não linear de uma evolução não linear em um planeta não linear, sendo um sistema instável que, no entanto, conduz e estabelece a formação de novas ordens, tal como as situações caóticas. Portanto, além de provocar o sentido e a utilidade, o processo educacional precisa mover-se em teias de idas e vindas e por caminhos talvez nunca antes percorridos. Esse, aliás, é o sentido da vida, pois o novo nos instiga e nos remete para ambientes que provocam sempre novas buscas. Quando a educação conseguir concretizar esses ideais, certamente terá dado passos importantes para aproximar-se de sua missão.

Entendemos que não é mais possível pensar a educação fragmentando a pessoa na sua plenitude, ou seja, em suas dimensões cognitivas, afetivas e emocionais, em que o sentido de ser e a utilidade do abordado no aprender tornam-se fundamentais para a qualidade do processo de aprendizagem. Para tanto, neste momento, vamos nos ater partindo das concepções dos profissionais da educação sobre esses temas, a refletir, mesmo de forma limitada, sobre a importância da integração do cognitivo, afetivo e emocional no processo de aprendizagem e sobre as possíveis contribuições para a educação.

PROBLEMATIZANDO AS CONCEPÇÕES DOS PROFISSIONAIS DA EDUCAÇÃO

Em geral, os professores investigados e acompanhados nesses últimos anos concordam que as dimensões emocionais e afetivas, somadas às cognitivas, são fundamentais para a motivação e o sucesso da aprendizagem. No entanto, além da limitada reflexão sobre questões metodológicas significativas que ornem o novo conhecimento útil, desenvolvendo o cognitivo, os termos afetivo e emocional são vistos, normalmente, no nível das relações pessoais, e não nas relações com o novo conhecimento. Em nossas abordagens, constatamos que o professor, não conseguindo sensibilizar os estudantes para verem utilidade e sentido nos conhecimentos novos a serem desenvolvidos, terá poucas chances de envolver emocional e afetivamente os alunos nos processos pedagógicos. Assim, a aprendizagem continuará sendo uma tarefa a ser cumprida, e não algo que provoca prazer, ajudando a compreender melhor a vida, aguçando a motivação, o desejo, ou seja, como dizemos, construindo casos de amor com a equação de segundo grau e com o teorema de Pitágoras, por exemplo.

Com os professores investigados, procuramos saber a importância e as contribuições que o seu envolvimento afetivo e emocional podem trazer para desenvolver com qualidade a dimensão cognitiva. Podemos perceber pelos depoimentos que todos concordam que estar emocional e afetivamente envolvido é imprescindível, pois a aprendizagem deve ocorrer de forma prazerosa. Lembram também que a afetividade interfere de forma incisiva no desenvolvimento cognitivo, funcionando como agente motivador da aprendizagem.

Os professores também se mostram preocupados com o problema da contemporaneidade, em que o aluno está carente de afeto nas relações pessoais, visto que a sociedade está cada vez mais desestruturada, sendo o contexto do aprendizado espaço importante para resgatar as dimensões afetivas e emocionais. Destaca-se também que o aluno desmotivado tem baixo rendimento escolar, necessitando a escola desenvolver educação mais humana que valorize a subjetividade individual. Interessante a observação de que o estudante envolvido emocionalmente aprende, mesmo que tenha limitações, solicitando a presença do professor e não se calando ante as dificuldades cognitivas. Também é frisado pelos professores que, no desenvolvimento de competências, o afetivo e o emocional fazem parte do processo de aprendizagem. Cita-se que o desenvolvimento cognitivo acontece quando o aluno se envolve, sendo necessário, para tanto, metodologias motivadoras.

Por fim, os próprios professores enfatizam que devem dispensar atenção e cuidar para que os alunos aprendam a expressar-se, expondo opiniões, dando respostas e fazendo opções pessoais. Vale ressaltar que a afetividade se dá na forma de dialogar sobre as competências do aluno, elogiar seu trabalho, valorizar e reconhecer seus esforços e motivá-lo sempre.

Portanto, de forma geral, todos os professores concordam que é preciso envolver o estudante de forma afetiva e emocional no processo para haver aprendizagem significativa. No entanto, o que ainda se percebe nessas reflexões é o emocional e o afetivo focados de forma intensa nas relações pessoais e pouco na relação com o novo conhecimento, pelo seu sentido e utilidade. Essa realidade é fruto da herança e formação cultural dos professores, para os quais os conteúdos do passado são, na maioria das vezes, informações que apenas precisam ser passadas, decoradas e repetidas. No momento em que constatamos serem os conteúdos, historicamente construídos, fontes para ajudar-nos a compreender a vida, a suprir nossas curiosidades e necessidades, estamos diante de um novo quadro, em que começa a construção da relação afetiva e o envolvimento emocional com o abordado. Essa ampliação dos termos afetivo e emocional – até então centrados em discutir a relação entre as pessoas, mas que passam agora também a abordar a relação com o conteúdo – pode trazer muitas contribuições para a educação.

AS DIMENSÕES COGNITIVA, AFETIVA E EMOCIONAL: CONCEPÇÕES TEÓRICAS

Para melhor compreensão dos fundamentos teóricos que embasam nossas concepções, dividimos essa reflexão em duas partes:
- Dimensões humanas: breves reflexões; e
- A emoção, a afetividade e o cognitivo integrados: pressupostos primeiros para potencializar a ação humana.

DIMENSÕES HUMANAS: BREVES REFLEXÕES

Como já frisado, muitas das crises da educação atual estão relacionadas à formação dos docentes e suas práticas pedagógicas, distantes dos desejos, das curiosidades e necessidades dos estudantes. Precisamos rever os processos de educação, implementar metodologias, procedimentos avaliativos e planejar espaços físicos que contemplem ao máximo os princípios que identificam a natureza humana. No mínimo, os professores necessitam, entre outras coisas, ter conhecimento sobre como o ser humano se motiva, como aprende, para que possam pensar práticas pertinentes.

Nesse sentido, Bicudo e Martins (1989, p. 33) lembram que se é com os seres humanos que vamos lidar, então, devemos buscar a essência ou a natureza constitutiva desses seres humanos que se colocam diante de nós. Temos consciência da complexidade humana. Temos, também, consciência de que jamais conseguiremos apropriar-nos da totalidade das compreensões sobre a psique humana. No entanto, como várias vezes já fizemos, sugerimos recorrer ao livro "EU", cujo autor é cada um de nós. Ou seja, muitas respostas podem estar em nós mesmos. Se na infância, na adolescência e na juventude certas práticas educacionais nos motivavam ou não, eram significativas ou não, temos grandes chances de ter sucesso se apoiarmos as nossas práticas pedagógicas naquelas que tiveram sucesso em nossa própria história de vida. Aquilo de que eu gostava, ou não, também pode ser um significativo referencial para provocar e motivar os meus alunos ou, ao contrário, para os desmotivar.

Freire (1997, p. 145) lembra que jamais abandonou a sua preocupação primeira, que sempre o acompanhou, desde os começos da experiência educativa. A preocupação com a natureza humana a que deve a lealdade sempre proclamada. Freire e tantos outros teóricos alertam para o fato de que o maior ou menor sucesso das práticas pedagógicas depende da sintonia que conseguimos com a satisfação das pessoas e, no caso, os estudantes, das metas que queremos com eles desenvolver.

Acrescentemos outras contribuições a essas reflexões. Giesecke (1997, p. 15) afirma que a pessoa humana, desde o seu nascimento, está com a mente aberta para conhecer e aprender o mundo. Naturalmente queremos saber por que as coisas são como são. Exemplo disso são as crianças que, na tenra idade, já perguntam: "Pai, mãe... o que é isso?". Abrem gavetas e vasculham espaços desconhecidos. Enfim, buscam conhecer e compreender o mundo ao seu redor. Pena que, não raro, ao entrar na escola, aos poucos perdem a curiosidade.

Com o avanço da ciência, as reflexões sobre a pessoa humana apontam para algumas convicções. Entre essas, a de que para haver motivação é preciso que o sujeito seja provocado com enigmas ou curiosidades. Rosa (1994, p. 48) afirma que somente pensamos sobre alguma coisa quando esta nos parece intrigante, curiosa ou interessante. Eis um rico referencial para a formação e para as práticas dos professores.

Somada às dimensões cognitivas, temos percebido, nos últimos anos, a preocupação para inserir as dimensões afetivas e emocionais no clima das práticas educacionais. Essa é, hoje, mais uma das nossas convicções: no ser humano, o cognitivo, o afetivo e o emocional se complementam (GOLEMAN, 1995, p. 53), e um não se realiza, ou fica limitado, sem o outro. Alerta Goleman (1995, p. 53) que distorcemos a visão científica de uma vida mental emocionalmente vazia – que orientou os últimos 80 anos de pesquisa sobre a inteligência. Constata-se também que as emoções enriquecem; um modelo mental que as ignora se empobrece. Nesse sentido, a contribuição, em especial a partir de 2000, da Psicologia Positiva pode ser uma importante fonte e abertura de novas janelas para discutir e fundamentar práticas pedagógicas significativas, qualificadas e motivadoras. Afirmam Asensio et al. (2006, p. 190) que a motivação está intimamente relacionada com a emoção. A motivação precisa ser buscada por meio da emoção. Essa é vista como uma das grandes metas da educação do futuro.

Portanto, temos consistentes indicadores que sugerem novas concepções na formação de docentes e nas práticas pedagógicas. Nessas novas concepções, não podemos deixar de considerar, de forma harmônica, as dimensões afetivas, emocionais e cognitivas da pessoa. Não se trata somente de proporcionar bom clima de relacionamento entre professor e alunos, mas que os estudantes percebam sentido e utilidade nos conhecimentos abordados, afetando sua afetividade e emoção. O sentido e a utilidade provocam o desejo, a motivação e o envolvimento emocional dos estudantes.

A EMOÇÃO, A AFETIVIDADE E O COGNITIVO INTEGRADOS: PRESSUPOSTOS PRIMEIROS PARA POTENCIALIZAR A AÇÃO HUMANA

> Claparéde desenvolveu a teoria do interesse, segundo o qual toda conduta supõe dois elementos: a) uma meta ou finalidade, definida sempre pela afetividade; b) uma técnica (conjunto de meios para atingir uma meta, definida pelas funções cognitivas) (ARANTES, 2003, p. 59).

Tema sempre mais presente no meio educacional é a necessidade de desenvolver a inteireza do ser. Essa concepção também é consequência daquilo que hoje se tornou premente, isto é, conceber a vida de forma integrada, atentando para todas as dimensões e respeitando o equilíbrio harmônico das partes em relação ao todo. Historicamente, passamos por várias bases teóricas nas quais apoiamos o fazer pedagógico, acreditando, em certos momentos, que a função da educação era transmitir às novas gerações, que se identificavam como tábula rasa, as informações produzidas pela humanidade no passado. Os objetivos educacionais estavam atingidos se o aprendiz conseguisse decorar e repetir o maior número dessas informações. Portanto, uma afronta às dimensões e potencialidades da pessoa.

Essas práticas, que são conhecidas por todos nós e, infelizmente, são ainda praticadas em grande parte do contexto educacional, têm suas raízes históricas quando a humanidade, impulsionada principalmente por questões de domínio econômico (provocadas sobretudo pelas constantes revoluções industriais), levou à busca de domínios e ações fragmentadas, por meio das quais as partes eram mais importantes do que o todo. Se externamente era preciso dar conta de atividades que exigiam apenas algumas habilidades de repetir e executar automaticamente certas tarefas, no interior das pessoas muitas dimensões também eram relegadas a segundo plano. A chamada racionalidade perdeu a visão do todo da vida, em especial a dimensão que eleva a possibilidade de a pessoa realizar mais plenamente a sua condição humana, ou seja, a dimensão afetiva e emocional. Temos visto essas reflexões muito presentes em vários pensadores (SALTINI, 1997, p. 11) da contemporaneidade, constatando que o homem seguiu o racionalismo até um ponto em que este se transformou em completa irracionalidade. Desde Descartes, o humano vem separando sempre mais o pensamento do afeto; só o pensamento se considera racional – o afeto, pela própria natureza, irracional; a pessoa, eu, foi decomposta num intelecto, que constitui o seu ser, e que deve controlar a si como deve controlar a natureza. O domínio da natureza pelo intelecto e a produção de mais e mais coisas tornaram-se as metas supremas da vida. Nesse processo, o homem converteu-se numa coisa, a vida ficou subordinada à propriedade, e o ser é dominado pelo haver.

É esse paradigma que hoje está sendo questionado. Além de fragmentar a vida humana, levando a pessoa ao extremo da desumanização, também tornou o meio ambiente, em muitos lugares, inabitável. Como a preocupação é conseguir o desenvolvimento a qualquer custo, lança-se fumaça no ar, jogam-se detritos nos rios, poluem-se os mananciais de água, efetuam-se desmatamentos desenfreados, etc. A visão e o respeito sistêmico da vida precisam ser recuperados.

De acordo com Toro (2004, p. 231), nossa cultura, não obstante, fez do corpo e das emoções algo menor e de categoria inferior à mente e à razão. Nossa cultura distinguiu, à base de separar e opor, o corporal, o emocional e o mental. Essa separação precisa ser revista pelo homem contemporâneo. É nesse sentido que abordamos, anteriormente, o conceito de empreendedor e o conceito de competência. É a pessoa com um rico mundo interior, em que a razão, o afeto e a emoção harmonizam o pensar e produzem um olhar equilibrado e agir sistêmico, levando o homem e o seu meio a viver em respeito, qualificando a vida.

Ao unir o pensamento cognitivo e o afeto, também propomos uma nova ação educativa. Bem lembra Vygotsky (1993, p. 25) que quem separa desde o começo o pensamento do afeto fecha para sempre a possibilidade de explicar as causas do pensamento, porque uma análise determinista pressupõe descobrir seus motivos, as necessidades e os interesses, os impulsos e as tendências que regem o movimento do pensamento em um ou outro sentido. De igual modo, continua o autor, quem separa o pensamento do afeto nega de antemão a possibilidade de estudar a influência inversa do pensamento no plano afetivo, volitivo da vida psíquica. Isso se dá porque uma análise determinista desta última inclui tanto atribuir ao pensamento um poder mágico, capaz de fazer depender o comportamento humano única e exclusivamente de um sistema interno do indivíduo, como transformar o pensamento em um apêndice inútil do comportamento, em uma sombra sua desnecessária e impotente.

Portanto, a visão fragmentada do sujeito e do meio leva a esse agir que poderíamos denominar de irresponsável e descomprometido, pois traz a desestruturação da natureza humana e, como consequência, a desestruturação do contexto em que vivemos e agimos. Segue o pensamento de Bruner (1998, p. 124) de que a emoção não é proveitosamente isolada do conhecimento da situação que a estimula. Ou seja, a cognição não é uma forma de puro conhecimento ao qual a emoção é acrescentada.

Constata-se, novamente, que nosso organismo é sistêmico. Independentemente de onde possa estar localizada cada dimensão (coração, mente, etc.), a verdade é que somos um todo integrado. A educação humana, para obter sucesso em sua missão, precisa, de forma mais plena possível, envolver o corpo como um todo. Quanto menos houver esse envolvimento, menos possibilidades temos para lograr êxito. Podemos, com esses dados, concluir que mente e coração, cognitivo, afetivo e emocional, saúde física e mental são elementos que, no processo de formação, precisam estar congregados, provocados e motivados. Caso contrário, indisciplina, estresse negativo[1] e perda de tempo continuarão sendo a tônica em nossos espaços escolares.

A ciência evoluiu muito nos últimos anos na busca de compreensões mais complexas sobre a pessoa humana, suas dimensões, potencialidades, motivações, desejos, curiosidades, necessidades, etc. Muito, também, temos investigado novas bases para assentar propostas e práticas pedagógicas que se aproximem e respeitem a natureza humana. Tivemos, assim, nos últimos anos, o ressurgimento de paradigmas, como o construtivismo, da problematização, das competências e habilidades, em que nos focamos na integração do contexto no meio educacional, em buscar caminhos para que o conhecimento escolar se torne útil na vida dos estudantes, em que os alunos e professores, ambos aprendizes, construam o conhecimento provocados por problemas do contexto e tornando-se capazes de resolvê-los ou compreendê-los à luz dos conhecimentos construídos historicamente pela humanidade, em constante busca para atender as curiosidades e necessidades. Todo processo deve ser movido por exercícios mentais reflexivos, levando à formação de pessoas competentes, capazes de empreender, criticar, demonstrar ética e espírito cooperativo em suas ações.

Certamente tivemos avanços na educação. No entanto, ainda é pertinente afirmar que mesmo o ser e o conviver, apesar de associados à formação afetiva e emocional e de estarem escritos nos documentos institucionais como metas a serem desenvolvidas na prática, além dos ranços ainda muito presentes do behaviorismo e do contexto do racionalismo, o que prevalece, na maioria das vezes, é a prática pautada em restringir o ser humano a alguém passivo que recebe informações, as decora e as repete.

Clareamos que essa prática (decorar e repetir) também compreende exercício cognitivo. No entanto, restrito, limitado e fragmentado. Nesse modelo, o cognitivo limita-se a receber informações teóricas, elaboradas em ambientes do passado, longe do contexto e das necessidades atuais. Nesse processo, o sentido de ser e a utilidade do fazer estão prejudicados.

Como esse modelo ainda persiste, não conseguimos atingir de forma satisfatória a dimensão cognitiva que precisaria incorporar o contexto-mundo-vida nas práticas educacionais e, a partir dessa incorporação, buscar nos conteúdos do passado o embasamento para capacitar o sujeito a desenvolver a mente por meio de exercícios reflexivos. Assim, além de formar o tão propalado espírito científico, teríamos pessoas mais competentes para pensar e agir, desenvolvendo aprendizagens úteis para a vida. Fica claro também que, superada essa limitação, estaremos mais próximos de conseguir o envolvimento afetivo e emocional dos estudantes, pois o que aprendem terá vida em suas vidas. Quando o estudante perceber que os conteúdos o ajudam a superar suas necessidades ou a explicar suas curiosidades, talvez, aí sim, possamos falar em uma educação que atenda à natureza humana.

Vamos agregar mais algumas reflexões a este tema. Os processos educativos precisam atentar para a inteireza do ser. Afirma Sampaio (2007, p. 46) que os problemas humanos não se resolvem no nível da racionalidade, mas no nível afetivo. Essa constatação pode ser exemplificada por várias dimensões da vida. Enquanto o emocional e o afetivo não estiverem bem resolvidos, a mente terá chances limitadas de encontrar respostas para as questões complexas da vida. Nisso também corrobora Goleman (1995, p. 23), ao constatar que temos duas mentes – a que raciocina e a que sente.

Assim, está posto o grande desafio para os profissionais da educação. Essa afirmação também vem referendada por Asensio et al., (2006, p. 25) afirmando que toda a construção da identidade está envolta de cognição e emoção. Podemos recorrer aqui a outros teóricos, como Piaget, citado por Asensio et al. (2006), que deixou explícita a integração entre inteligência e afetividade. Piaget (2001) ainda considera que em toda conduta, as motivações e o dinamismo energético provêm da afetividade, enquanto a técnica e o ajustamento dos meios empregados constituem o aspecto cognitivo, seja ele sensório-motor ou racional. A vida afetiva, continua o autor, constitui-se, por assim dizer, em um tônico fundamental para a construção das estruturas lógicas do pensamento. Quanto aos aspectos afetivos, que para Piaget são os sentimentos, os interesses e as vontades, seu desenvolvimento se dá simultânea e indissociavelmente com o desenvolvimento da inteligência, sendo todos eles constituintes dos processos mais elaborados do raciocínio.

Concluem Asensio et al. (2006, p. 174) citando Ellis, que, quando sentimos, pensamos e atuamos; quando atuamos, sentimos e pensamos; e, quando pensamos, sentimos e atuamos. Por quê? Porque, enquanto humanos, raramente apenas sentimos, apenas pensamos ou apenas atuamos. Essa é a tônica da vida, pois o sentimento, o pensamento e a ação estão integrados.

Mais focadamente na educação, inúmeros referenciais apontam o elo entre o cognitivo e o afetivo. Morin (1990, 2000a, 2000b), por exemplo, reúne à reflexão da dimensão cognitiva e emocional a necessidade da abordagem sistêmica dos conteúdos quando critica a sua fragmentação e o privilégio dos aspectos racionais nos processos de aprendizagem, em detrimento de uma visão complexa dos fenômenos naturais e da própria condição humana.

Procurando superar o que afirma ser *O erro de Descartes*, Damásio (2001) dirá, com base nos estudos sobre a neurobiologia, que as emoções são inseparáveis e imprescindíveis nos processos de raciocínio e nas modulações das características cognitivas que garantiram a evolução da nossa espécie.

Outros autores, entre os quais citamos Brenelli e Dell'Agli (2006, p. 32) associam as dimensões cognitivas e afetivas integradas para que possa ser provocado o desejo de aprender nos alunos, afirmando que a ação, seja ela qual for, necessita de instrumentos fornecidos pela inteligência para alcançar um objetivo, uma meta, mas sendo necessário o desejo, ou seja, algo que mobiliza o sujeito em direção a esse objetivo, e isso corresponde à afetividade.

Pensamento similar é acompanhado por Asensio et al. (2006, p. 185) afirmando que as emoções produzem mudanças corporais que são vividas subjetivamente e percebidas cognitivamente, a fim de propiciar graus de coerência entre o que se expressa e o que se sente. Concluem os autores, apontando que a educação integral não pode prescindir da harmonia entre cognitivo, afetivo e emocional, pois a finalidade da educação está no pleno desenvolvimento da personalidade integral do indivíduo. Nesse desenvolvimento, podem distinguir-se, no mínimo, dois grandes aspectos: o desenvolvimento cognitivo e o emocional (p. 187).

Continuando a associar a interação cognitiva com a afetiva, relacionando essa interação com a geração do desejo que leva à sensação de bem-estar no sujeito, Goleman (1995, p. 21) enfatiza que a sensação de felicidade causa uma das principais alterações biológicas. Essa configuração dá ao corpo um total relaxamento, assim como a disposição e o entusiasmo para a execução de qualquer tarefa que surja e para seguir em direção a uma grande variedade de metas.

Assim, também, Asensio et al. (2006, p. 56) orientam os professores ao afirmar que, sem provocar o desejo, como já vimos anteriormente, associando o cognitivo e afetivo, até os melhores métodos estarão limitados. Antes de desenhar qualquer tipo de ação pedagógica, antes de pretender aplicar qualquer método de aprendizagem ou de propor, mesmo com boas razões, a modificação de certos comportamentos, o educador deve fazer-se consciente de que, sem a aceitação daquele a quem se dirige, pouco vai conseguir com as suas iniciativas supostamente bem planificadas.

Tal comentário remete-nos a aceitar que a formação proclamada hoje – formar pessoas empreendedoras, competentes, com capacidades mentais reflexivas – ficará sempre limitada se não for somada, ao desenvolvimento cognitivo, a dimensão afetiva e emocional. Esse é o grande desafio, pois estamos agora envolvidos com a dimensão subjetiva do sujeito, muito mais complexa para ser compreendida e exercitada do que a mente, pois, como vimos, é guiada pelo afeto e pela emoção. Acrescenta-se o argumento de González Rey (2003, p. 249) de que a integração do afeto na vida psíquica é o processo pelo qual o afeto ganha sentido subjetivo. Portanto, uma experiência ou ação só tem sentido quando é portadora de uma carga emocional. Podemos somar a isso a ideia, como se refere Goleman (1995, p. 53), de que, na realidade, os úmidos programas e peças cerebrais boiam numa poça pegajosa e latejante de produtos neuroquímicos, em nada semelhantes ao silício ordenado e satanizado que gerou a metáfora orientadora da mente. Os modelos adotados pelos cientistas do conhecimento para explicar como a mente processa a informação não levam em conta o fato de que a racionalidade da mente é guiada pela emoção.

Podemos ilustrar ainda as consequências que o desequilíbrio afetivo tem provocado no contexto social. De acordo com Asensio et al. (2006, p. 179), em 2003 se registraram 1,6 milhão de mortes violentas em todo o mundo, e 5% dos jovens passaram por estados depressivos. Acrescentam ainda os mesmos autores que se pode afirmar que muitos dos problemas que afetam a sociedade atual (consumo de drogas, violência, prejuízos étnicos, etc.) têm um fundo emocional (Asencio et al. 2006, p. 181). Talvez, assim, consigamos compreender melhor os inúmeros problemas registrados no entorno educacional

Aceitamos que a educação formal, aquela que se processa nas instituições educacionais, não consegue desenvolver a formação integral almejada. No entanto, temos consciência de que ela ainda tem papel importante e pode contribuir muito na qualificação do desenvolvimento cognitivo, integrado à formação subjetiva, que tem suas nuances no todo do sujeito e origina as motivações, os desejos, harmoniza o emocional, ou seja, a afetividade. O equilíbrio do desenvolvimento das dimensões cognitivas e afetivas, acreditamos, possibilitará ao sujeito sensibilizar-se com os problemas do mundo, construindo compreensões e soluções. Em síntese, estará capacitado para ser empreendedor, pelos princípios e fundamentos aqui defendidos.

AS DIMENSÕES COGNITIVA, AFETIVA E EMOCIONAL: REFLEXÕES E CONTRIBUIÇÕES PARA A EDUCAÇÃO

Incorporadas as contribuições dos professores e os referenciais teóricos, vamos ocupar-nos da aproximação e das contribuições que a integração dessas dimensões podem trazer para a formação dos estudantes. Somamo-nos aqui a Delors et al. (1998), quando propunha que a educação do século XXI deveria pautar-se no ser, conviver, conhecer e fazer. Em sua proposta fica explícita a necessidade de integrar na formação a atenção ao cognitivo, afetivo e emocional. Sugere-se que o homem tecnicista, com visão e ação fragmentada da vida, que tantos danos causou, necessita resgatar o emocional e o afetivo para agir de forma respeitosa ao sistêmico que é a vida.

Como já frisado, não nos atemos aqui a discutir a relação entre alunos x alunos x professores, embora isso seja questão concebida e já discutida por tantos autores. Nossa preocupação é construir casos de amor com os conhecimentos teóricos. Ou seja, os conhecimentos, que são a vida refletida, precisam provocar no cognitivo do estudante emoções e relações afetivas. Quando isso ocorre, não temos dúvida, fortalecemos também as relações humanas entre estudantes, professores e ambiente de formação. Aliás, os maiores casos de indisciplina, velada ou explícita, são exatamente fruto da falta de sentido do fazer pedagógico, pelo professor, e do contato com conteúdos sem sentido, pelo estudante. Aqui se questiona Saltini (1997, p. 14) se temos um mundo externo imenso, estruturado a partir da cultura, da natureza, de regras preestabelecidas e dos sujeitos que aí vivem; se possuímos também um mundo interno, da mesma forma grandioso, não somente nas áreas cognitivas, mas nas áreas afetivas (desejos e pulsões); então como aproveitar essas relações na prática da educação?

Temos, assim, pelo menos em parte, a caracterização humana pontuada. O grande desafio é como contemplar na educação as áreas afetivas, seja nas relações pessoais, seja nas relações e no envolvimento emocional, com a nova aprendizagem a ser construída.

Lembramos novamente Delors (1998, p. 85), para quem a educação precisa contribuir para o desenvolvimento total da pessoa – espírito e corpo, inteligência, sensibilidade, sentido estético, responsabilidade pessoal, espiritualidade. Para nos aproximarmos desses ideais, é preciso que, além das boas relações entre professores e alunos e dos laços de afetividade que os aproximam, o fazer pedagógico provoque sentido e utilidades nos estudantes, de forma aderente às suas necessidades e curiosidades.

Ajudando-nos, neste momento, a compreender essas problemáticas para, mais adiante, fundamentar possíveis propostas de superação das dificuldades, vamos recorrer a Arantes (2003, p. 85), que afirma ser interessante lembrar Snyders, para quem a alegria na escola, embora não descarte aquela que deriva de jogos, métodos agradáveis e de relações simpáticas entre professor e aluno, advém, sobretudo, da relação com o conhecimento. Snyders refere-se a uma alegria cultural, a qual resultaria, mais especificamente, da aproximação e do esforço de compreensão da cultura elaborada e da obra de arte.

Essa citação vem em boa hora e soma-se às afirmações de que a afetividade e a emoção transcendem as relações pessoais e se ancoram na satisfação e no desejo humano em querer saber por que as coisas são como são, no querer saciar suas curiosidades e necessidades.

Essas reflexões vêm também conectadas com o que afirma Saltini (1997, p. 15), citando Spinoza, ao dizer que o conhecimento só produz mudança na medida em que também é conhecimento afetivo. Os termos afetividade e emoção na educação estão aqui ampliados. Nisso, novamente Arantes (2003, p. 164) nos ajuda, afirmando que ao trabalhar sentimentos, emoções e valores, perpassando os conteúdos tradicionais de matemática, língua, história, ciências e artes, estes passam a ter um novo significado, deixando de ser encarados como a finalidade da educação e passando a ser compreendidos como um importante meio para as pessoas conhecerem a si mesmas e ao mundo em que vivem. Ao adotar a perspectiva proposta, a educação articula-se com o pressuposto da indissociação entre cognição e afetividade no funcionamento psíquico.

Isso sintetiza a nossa preocupação quando falamos que é possível ter um caso de amor com a equação de segundo grau, com as leis da física, da química, com os conceitos da biologia, do ensino religioso, com a estrutura de comunicação das línguas, com o belo expressivo da alma, nas artes. Precisamos instalar, na escola, o local de festa, onde vamos buscar sentido, explicações, respostas, utilidades para a nossa vida pessoal e profissional. Por isso, entender sempre mais de pessoas parece-nos elementar para projetar a educação e fazer educação para seres humanos. Constata Saltini (1997, p. 15) que as escolas têm contribuído em demasia para a construção de neuróticos por não entenderem de amor, de sonhos, de fantasias, de símbolos e de dores.

Arantes (2003, p. 49) traz preocupante reflexão que, aliás, não é novidade para quem convive diariamente com os contextos escolares, pois se sabe que 90% das crianças encaminhadas aos ambulatórios e postos de saúde para tratamento psicológico apresentam queixa escolar. De acordo com o exposto até aqui, seria necessário encaminhar todas elas ao psicanalista? Se um psicanalista aceitar para tratamento esse exército de crianças com queixa escolar, estará provavelmente incorrendo no mesmo erro do Alienista, psiquiatra personagem de Machado de Assis, que internou em seu hospital para doentes mentais uma cidade inteira. Sua teoria da loucura, extremamente abrangente, o guiou a esse ponto. Mas, ao imaginar que o erro estivesse talvez em sua teoria, acabou por soltar a cidade e internou a si próprio, fonte de todos os erros.

A reflexão é preocupante e choca. As cadeias estão cheias de excluídos, e as famílias vivem em suas crises existenciais. Nas escolas, estamos no local em que, ao invés de nos libertarmos de nossas angústias, curiosidades e desejos, encontramos o aprisionamento. Famílias e escolas, às vezes juntas, às vezes separadas, buscam nos psicólogos, fonoaudiólogos, psicopedagogos, entre outros especialistas, as possíveis soluções para os problemas com as crianças. Sabemos que, em alguns casos, essas questões são necessárias; mas nos referimos à atualidade em que as fileiras de crianças para os consultórios aumentam sempre mais, sabendo que a educação regular é, atualmente, uma máquina de excluir diferentes. Mais do que isso, as práticas educativas adotadas em nossas escolas são em realidade fabricantes dessa nova categoria de crianças, as excluídas do sistema regular de ensino (ARANTES, 2003, p. 49).

Aliás, isso já é histórico, pois quantas e quantas mentes iluminadas foram expulsas, excluídas das escolas por não conseguirem se adequar a processos desumanizantes de educação, em que eram obrigadas a receber, a decorar e a repetir conteúdos sem sentido para a sua vida. Muitos, apesar da escola, tornaram-se os grandes iluminadores teóricos da história da humanidade.

Sabemos que mudar essa realidade depende de várias dimensões. Há muitos anos acreditamos que é preciso rever a formação dos professores, tanto no contexto didático quanto no contexto das bases de aprendizagem adquirida. Críticos como Thums (1999, p. 99) afirmam que nós, professores, não conhecemos suficientemente as bases filosóficas, antropológicas e psicológicas da aprendizagem. Acrescenta-se a essa ponderação

Saltini (1997, p. 14), afirmando que, como educadores, parecemos nada entender do como se dá o desenvolvimento, o como a cognição e a afetividade estão implicadas nesse processo. Ou nada temos a ver com isso?

Saltini (1997, p. 15) questiona o pensamento defendido por políticos e, infelizmente, por muitos profissionais da educação, em especial nos meios de comunicação, apontando soluções para o problema educacional ao afirmar que o pensamento reinante entre os profissionais é que o problema da educação se resolveria com a melhoria dos laboratórios, das salas de aula, dos materiais pedagógicos, dos equipamentos e componentes de informática e de audiovisuais. Enquanto o ser humano permanecer na atitude de observador científico "alheado", tomando a si mesmo como objeto de sua investigação, só estará em contato com o seu interior pelo "pensar", não experimentando assim a realidade mais ampla e mais profunda que existe dentro de si.

Não somos contra a boa estrutura das escolas; pelo contrário. No entanto, não houver uma mudança didática nas práticas pedagógicas, os aparatos tecnológicos e outros incrementos – desculpem os que pensam diferente – poucas chances terão de produzir conhecimento qualificado e, muito menos, desejo e relações afetivas com o conteúdo a ser aprendido. Inaugurar prédios arquitetonicamente bonitos ou laboratórios causa um bom impacto no começo, para alguns inclusive garante (re)eleições. No entanto, enquanto não houver transformação no interior das escolas, no dia a dia, de modo a tornar esse espaço um local de produção de satisfações, aos poucos a estrutura física irá perdendo o seu glamour. Antes de tudo, precisamos de um novo educador. Um professor com didática significativa e cativante pode produzir aprendizagem significativa debaixo de uma árvore, muito melhor daquele que leva os alunos a um laboratório ou biblioteca e os faz recortar ou copiar partes para depois serem repetidas. Deixamos claro que o docente, aqui denominado didaticamente competente, ao ter esses recursos em suas mãos, pode, com certeza, também qualificar mais as suas práticas.

Portanto, para irmos concluindo essas contribuições e reflexões sobre a afetividade, o emocional e o cognitivo para o campo educacional, cabem mais algumas contribuições que irão embasar, posteriormente, as nossas proposições para a prática. Arantes (2003, p. 85) contribui afirmando que os componentes indissociáveis da ação humana, as manifestações emocionais, têm importante impacto nas dinâmicas de interação que se criam nas situações escolares. O conhecimento das funções, das características e da dinâmica das emoções pode ser muito útil para que o educador entenda melhor situações comuns ao cotidiano escolar.

Essas reflexões apenas confirmam as nossas inquietações ao afirmar que o afetivo e o emocional, nas práticas pedagógicas, estão muito além das relações interpessoais. Arantes (2003, p. 124) menciona ainda a necessidade e o desejo de enveredar por um paradigma que rompa com os tradicionais dualismos do pensamento iluminista e contemple a articulação entre os aspectos cognitivos e afetivos no estudo do funcionamento psíquico humano. Ao questionar sobre as implicações educacionais de tal paradigma, constata-se a necessidade de incorporarmos, no cotidiano de nossas escolas, o trabalho sistematizado com os sentimentos e afetos, rompendo com aquelas concepções educacionais que fragmentam os campos científico e cotidiano do conhecimento, e as vertentes racional e emocional do pensamento.

Talvez possamos, a seguir, trazer algumas contribuições ao questionamento das implicações educacionais para esse paradigma, pois a ressignificação e a problematização, além da questão dos conteúdos teóricos e empíricos, somados com as questões metodológicas, têm sido pouco abordados de forma clara no meio educacional. Temos muitas reflexões teóricas, mas poucas a nível de chão de fábrica, como dizem alguns. Ou seja, de modo a entrar no processo de forma mais real, eficaz e eficiente. Portanto, é preciso romper com a forte separação, ainda vigente, entre a aprendizagem escolar centrada apenas nos aspectos cognitivos da mente humana e a vida cotidiana, imbuída de afetos, valores, sentimentos e emoções (ARANTES, 2003, p. 124).

A dimensão cognitiva, como já referida, é desenvolvida de forma muito limitada, com exercícios mentais restritos (decorar e repetir). Soma-se a isso a fragmentação que separa a escola do contexto mundo-vida. Arantes (2003, p. 133) também aborda, e nós nos pomos de acordo, que todo o cenário vivido em nosso contexto educacional é fruto de contextos históricos de pensamento patriarcal, reducionista, excludente e fragmentado da ciência clássica. Assim, afirma o autor, o ensino também transmite uma ciência parcializada, em um caleidoscópio no qual os alunos e as alunas não conseguem reconhecer nada do que os rodeia na vida cotidiana.

É essa a realidade vivida em nossa história de alunos que fomos e somos. É essa a história que precisa ser mudada em nossos cursos de licenciaturas, ou por quem já passou por eles, em processo de formação contínua. São paradigmas impregnados, mas que precisam ser desconstruídos, senão continuaremos excluindo do meio educacional os sujeitos em suas dimensões e potencialidades naturais.

Nessa discussão também está incluída a reflexão sobre a ciência, pois sabemos que essa é feita por indivíduos que não ignoram suas emoções, que, por sua vez, não ignoram aquilo que pensam (ARANTES, 2003, p. 133).

O ensino, seguindo o exemplo da ciência clássica, também exclui as emoções do seu currículo. As emoções excluídas do currículo, novamente afirmamos, são a falta de sentido e de utilidade, castrando a curiosidade e as necessidades humanas. Isso leva ao fazer por fazer, sem saber por que estamos fazendo aquilo que fazemos. Nisso corrobora o pensamento científico, pois o ensino, seguindo essa norma, também exclui o sujeito, com suas características pessoais, com tudo o que está próximo a ele, de tal modo que o impede de se ver refletido e se sentir participante da ciência que ensina (Arantes, 2003, p. 133).

Podemos, neste momento, discutir se os termos ensino, aprendizagem ou outros que perpassam nossas análises sobre educação, nesses últimos anos, são os mais apropriados. Porém, nesse momento, queremos atentar sobre a desumanização das práticas pedagógicas que fragmentam a escola da vida e querem formar pessoas cidadãs, competentes, empreendedoras, críticas e com habilidades reflexivas.

Arantes (2003, p. 163) lembra ainda que a escola precisa reorganizar seus conteúdos e os espaços, os tempos e as relações interpessoais.

Temos, portanto, complexos desafios pela frente para aproximar as práticas educacionais da formação de pessoas competentes, empreendedoras, com capacidades mentais que exercitem o sentido de ser nos conhecimentos escolares, estando com eles cognitiva, emocional e afetivamente envolvidos. Certamente, desde os modelos de formação de professores, até os programas curriculares, os horários, a gestão e a estrutura física das escolas precisam ser revistos.

Sabemos que os temas até aqui abordados (competência, empreendedor, habilidades, aspectos cognitivo/afetivo/emocional), que encaminham, a seguir, possíveis proposições para inovar nas práticas pedagógicas, são apenas um recorte dos inúmeros referenciais que temos na atualidade. No entanto, acreditamos que eles fornecem elementos o bastante para encaminhar a próxima parte que procura apontar caminhos e aprofundar a discussão do idealizado à prática.

Aliás, essa segunda parte traz a identidade do nosso fazer, ou seja, buscamos respostas para os problemas detectados e objetivamos mudar as práticas.

NOTA

1 O estresse positivo ocorre quando o sujeito realiza algo que lhe dá prazer, o negativo, ao contrário.

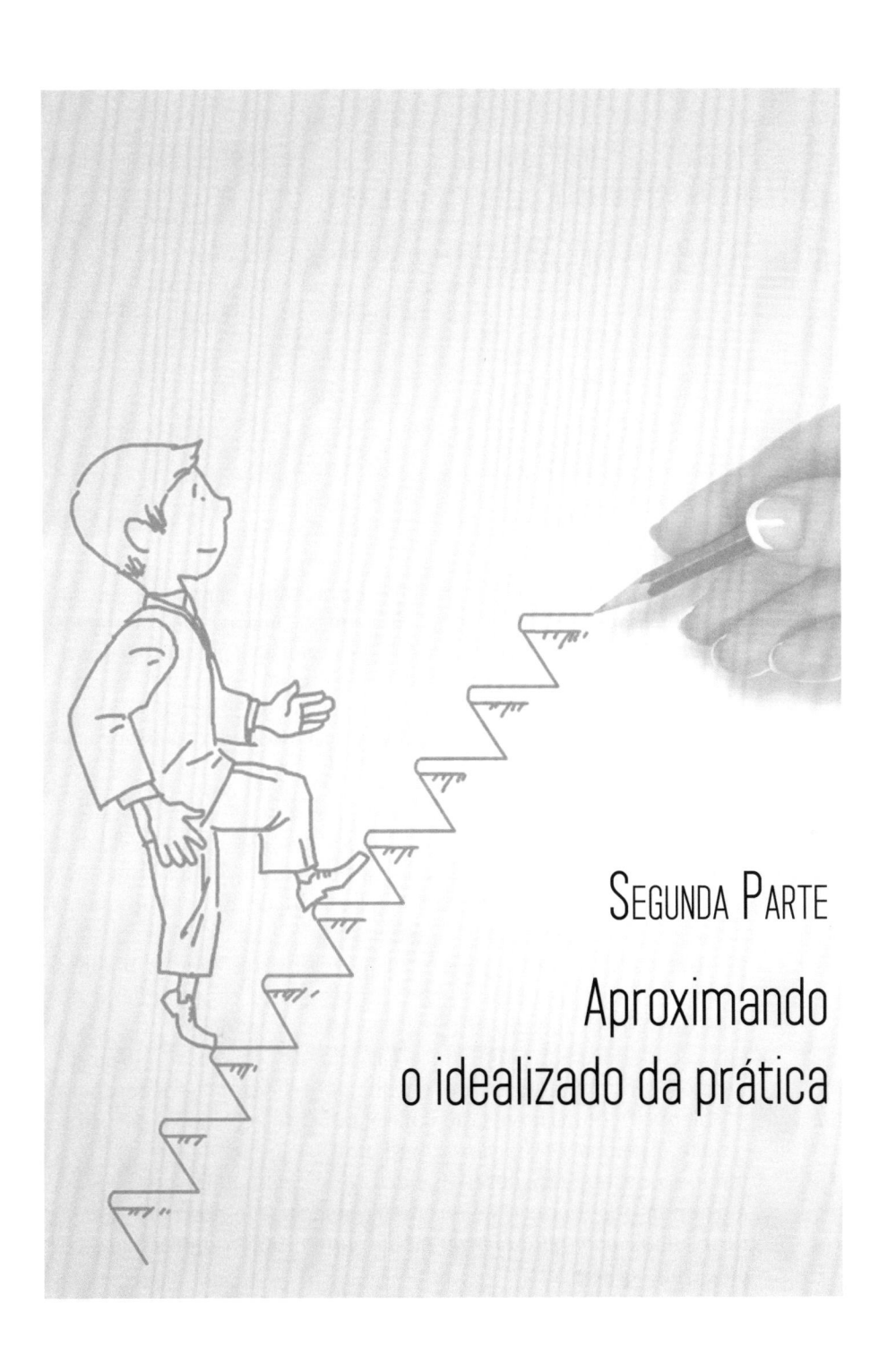

Segunda Parte

Aproximando o idealizado da prática

Entre os referenciais e a prática: limitações e possibilidades

> Na Grécia Antiga, um homem precisava levantar uma pedra de duzentos quilos sem o auxílio de ninguém. A partir dos elementos disponíveis na natureza, esse homem pegou uma pedra e um tronco de árvore e construiu uma alavanca, elevando o peso. Movimentando essa alavanca, com apenas vinte quilos ele conseguiu levantar a pedra, demonstrando sua fantástica capacidade de transformação (SALTINI, 1997, p. 18).

Na segunda parte, o desafio é trazer possíveis respostas que contribuam para aproximar o idealizado da prática. Iniciamos com referenciais que perpassaram as discussões do cenário educacional nos últimos anos, para os quais necessitamos de:

- pessoas competentes e críticas, capazes de resolver problemas sempre novos, com espírito de pesquisa, com capacidade argumentativa, respaldando suas ações em bases teóricas;
- empreendedores que tenham a capacidade, com base em argumentos fundamentados, de encontrar e liderar soluções para problemas sempre novos, no contexto das relações pessoais, com o meio ou em sua atuação profissional;
- mentes que tenham desenvolvido exercícios mentais reflexivos, afastando-nos do decorar e repetir, capacitando-nos para identificar, analisar, comparar, refletir, argumentar, compreender, reconstruir, aplicar, etc.;

- compreensões significativas e úteis para a vida e que respondam às nossas curiosidades e necessidades; e
- estudantes envolvidos emocional, afetiva e cognitivamente nos processos pedagógicos.

No entanto, diante desses referenciais, deparamo-nos com a realidade educacional, na qual:
- os problemas contextuais, sempre novos, ainda estão longe de serem inseridos nas práticas pedagógicas, e a formação do espírito de pesquisa e a capacidade argumentativa e fundamentada estão pouco presentes na formação e na prática dos professores e estudantes;
- a capacidade empreendedora está muito mais ligada a iniciativas pessoais do que à consequência do processo de formação desenvolvido em nossas instituições educacionais, seja na educação básica ou superior;
- o decorar e repetir ainda superam, de forma quase geral, a formação de exercícios mentais que capacitem para refletir, argumentar, analisar, etc.;
- os conteúdos escolares, de conceitos difusos, pouca contribuição significativa e útil têm na vida dos alunos;
- os professores, em geral, pouco conhecem o sentido de ser dos conteúdos teóricos e da sua utilidade na vida dos estudantes; e
- diante da falta de sentido e utilidade dos conteúdos, o envolvimento emocional e afetivo dos estudantes nas práticas pedagógicas e o consequente desenvolvimento cognitivo ficam limitados.

Contribuir para a mudança desse cenário é o objetivo neste momento. Tendo como referencial a realidade problematizada a partir das percepções dos professores de diversas áreas, embasados em referenciais teóricos que nos movem, acrescidos das práticas orientadas, acompanhadas e desenvolvidas nessas últimas duas décadas, focaremos as proposições:
- na discussão dos conteúdos em suas dimensões empíricas e teóricas;
- na ressignificação dos conteúdos no contexto dos estudantes, dando-lhes sentido e utilidade, além de provocar neles o envolvimento emocional e afetivo com a aprendizagem;

- na problematização dos conteúdos e na provocação das curiosidades, possibilitando aos estudantes tornarem-se competentes e empreendedores;
- na metodologia como caminho que exercita a mente em habilidades reflexivas, desenvolvendo o espírito de pesquisa e a capacidade argumentativa fundamentada; e
- na avaliação como processo de conhecer, reavaliar e replanejar o nível de desenvolvimento atingido em relação às habilidades exercitadas e o perfil almejado.

5
Conteúdos empíricos e teóricos: a necessidade de ascender do senso comum ao conhecimento científico

> Estruturas de cognição formam-se a partir das ações sobre o meio, porém é o distanciamento desse meio que ativa a operação mental e, então, recriamos o que nos falta. (Saltini, 1997, p. 16)

O tema conteúdo é uso comum nas expressões ouvidas cotidianamente no meio das instituições educacionais. Pelo tempo e pela intensidade do uso, parece ser conhecido e facilmente compreendido. No entanto, na prática, a compreensão e, principalmente, as dimensões que ele tem nas práticas pedagógicas não estão claras. Para testar nossas compreensões, propomos alguns questionamentos:
- Que conceito temos de conteúdo?;
- Qual é a diferença entre conteúdo empírico, ou senso comum, e teórico?;
- Como ele está presente e como se classifica na formação dos perfis de estudantes almejados?

A compreensão desse termo é fundamental para desenvolvermos as práticas pedagógicas. É dele que partimos para provocar o exercício mental e atingir a formação de pessoas empreendedoras e competentes. Pensar que o termo conteúdo era bem esclarecido nos meios educacionais tornou-se, para nós, ledo engano. Nas reflexões com professores, verificamos que isso não está nada claro, havendo confusões das mais diversas ordens. Pessoalmente, tivemos surpresas quanto aos nossos conceitos.

Sem a clareza do que é conteúdo, do que é empírico ou teórico, como vamos elaborar e desenvolver as práticas pedagógicas que visam a formar empreendedores competentes? O que é mais preocupante nesse contexto é que a maioria dos professores nem os responsáveis em organizar e orientar os programas educacionais (coordenadores, diretores, órgãos estatais, etc.) têm consciência dessa questão. Em Saviani (2007, p. 154), encontramos um pouco dessa realidade quando ele afirma que existe um vazio teórico da educação brasileira, pois as questões educacionais continuam a ser tratadas, na maioria dos casos, no nível do senso comum. Em outro momento (SAVIANI, 2004, p. 2), o mesmo autor comenta as transformações vividas ao passar do senso comum à consciência filosófica – que significa passar de uma concepção fragmentária, incoerente, desarticulada, implícita, degradada, mecânica, passiva e simplista a uma concepção unitária, coerente, articulada, explícita, original, intencional, ativa e cultivada.

A consciência filosófica é a consciência dos porquês, cujas reflexões emergem da análise, da reflexão entre o senso comum e o teórico. Portanto, como nos sugere Saviani (2007, p. 7), a passagem do senso comum à consciência filosófica é condição necessária para situar a educação numa perspectiva revolucionária. Aqui segue uma preocupação que refletiremos posteriormente: Como fazer isso se não temos claro o que é conteúdo? O que é empírico ou teórico?

O problema está posto. Afirmamos que, sem a reflexão e o esclarecimento dessa temática, as concepções até aqui discutidas infelizmente não conseguirão avançar e alcançar suas metas. Por isso, analisamos esse tema por primeiro, nesta segunda parte, iniciando pelas concepções dos professores e, em seguida, percorrendo referenciais teóricos que possam ajudar a compreender e, ao final, apontar propostas para os educadores repensarem e reorganizarem os conteúdos.

PROBLEMATIZAÇÃO DAS CONCEPÇÕES DOS PROFISSIONAIS DA EDUCAÇÃO

Acompanhando e indagando professores, tanto da educação básica quanto da superior, sobre os conceitos relacionados ao conteúdo empírico e teórico, percebemos que a sua capacidade e compreensão para conceituar os termos é bastante insatisfatória. A confusão se instala, novamente, no momento da identificação entre o que é empírico e teórico, especialmente nas denominadas áreas humanas. O problema sempre aparece na hora da prática, quando saímos do campo meramente conceitual.

Isso confirma o quanto é preciso atentar para esse tema, pois sem essa clareza como vamos desenvolver, por exemplo, o tão almejado conhecimento científico. Para nos situarmos melhor, trazemos algumas das percepções colhidas junto aos professores. Em relação ao conteúdo empírico, ou senso comum, encontramos a afirmação de que é aquele repassado de geração a geração sem que se tenha um estudo mais profundo sobre ele, embora haja fundamentação para tal. Segue-se a ideia de que conteúdos empíricos são aqueles ligados às vivências dos alunos, baseados em seus conhecimentos prévios e sem a preocupação do rigor da pesquisa científica. Outro depoimento afirma ser o conteúdo baseado na educação não formal, na experiência do dia a dia, na tradição cultural. Segue a compreensão de saber informal, imediato, obtido nas relações sociocotidianas, um objeto que se origina das vivências do cotidiano, a partir da visão subjetiva do sujeito, ou seja, de seus valores, das práticas sociais que vivencia, das experiências que acumula, do testemunho que recebe dos seus pares. Assim, percebe-se que as opiniões sobre senso comum estão bastante claras. O que não está claro é quando os professores são questionados se desmatamento, Revolução Francesa ou poluição são senso comum ou teórico. É dessa compreensão que precisamos efetivamente para a prática pedagógica.

Seguimos com mais algumas contribuições que afirmam que o senso comum é o conhecimento adquirido pela experiência de vida do indivíduo, pelas vivências acumuladas ao longo da vida e dispensa um parecer científico para comprovação do que é dito. Outras afirmações referem ser o conhecimento do nosso cotidiano, do nosso viver, da nossa prática, o conhecimento nascido da experiência ou da convivência. Apesar de prático, caracteriza-se pela superficialidade. Está muito mais próximo da crença e, por isso mesmo, difícil de ser debatido. Envolve vivências cotidianas, culturais e populares, partilhadas por um grupo de pertencimento, sendo tão caras a este grupo quanto as teorias científicas. Sabemos que isso é pertinente, pois os hábitos e saberes populares tornam-se, para muitas pessoas e grupos, referenciais teóricos, mesmo que não sejam cientificamente comprovados e aceitos. Em relação às ideias dos professores quanto ao senso comum, ficamos com esse recorte, lembrando novamente que a grande confusão e dificuldade se constata no momento em que questionamos se um termo é empírico ou teórico.

Vamos, igualmente, trazer algumas opiniões sobre o que seja conteúdo teórico. De acordo com os professores, é aquele cujo entendimento ocorre a partir da explicação de sua teoria. Vemos, nesse caso, a falta de clareza já a partir do conceito. Segue a ideia de que o conteúdo teórico é um conjunto de leis e princípios fundamentados na investigação científica, capazes de explicar fenômenos complexos ou, ainda, que é um conteúdo verificável na prática, por meio de comprovação formal, científica. Conceito esse já bem mais aceito para conteúdo teórico. Outros dizem ser o conteúdo teórico a ciência, pois mostra a fonte para que seja analisada, testada e comprovada. Seguem as constatações de que o senso teórico é aquele que é construído a partir de um embasamento científico, que obedece a uma teoria científica. Como no empírico, percebemos que os conceitos estão bastante esclarecidos e fundamentados. O problema está no momento em que precisamos elencar os reais conteúdos e classificá-los em senso comum e teórico. No entanto, é importante frisar que a clareza quanto aos conceitos é o primeiro passo para que possamos clarear a prática. Portanto, o desafio maior é tomar nas mãos os programas curriculares e ser capaz de classificar o que é um ou outro, para organizar e desenvolver a prática pedagógica que ascenda o estudante do senso comum ao conhecimento científico.

Feitas essas considerações, encaminhamo-nos à reflexão de possíveis referenciais que embasem as propostas práticas.

OS CONTEÚDOS TEÓRICOS E EMPÍRICOS: CONCEPÇÕES TEÓRICAS

O problema da falta de clareza quanto à conceituação e classificação dos conteúdos existe e persiste na formação e, principalmente, nas práticas pedagógicas e é constatado por inúmeras situações vividas em nosso meio. É comum ver pessoas que passaram pelas academias terem limitada base argumentativa diante de uma situação ou problema com o qual se confrontam. Não discordamos dos que pensam que o problema se concentra também em outras dimensões. No entanto, a falta de clareza quanto à temática do que seja empírico ou teórico é um dos primeiros pressupostos a serem enfrentados se queremos formar pessoas empreendedoras competentes.

Bem afirmava Zuben (1994, p. 14) que temos duas posições igualmente equivocadas. De um lado, a prática sem teoria, ou melhor, sem reflexão crítica; de outro, uma teoria prescindindo da prática, um imperialismo filosófico.

Estamos convictos de que a realidade vivida em nossas instituições de ensino superior ou básicas tem muita semelhança com essa afirmação de Zuben. A questão que se coloca é como mudar essa realidade se, nas práticas, os professores não conseguem separar o conteúdo empírico do teórico. Na formação do espírito científico necessitamos dos dois: do empírico e do teórico. Pensar a formação de pessoas com espírito de pesquisa e empreendedores competentes parece-nos muito utópico sem a superação dessas dificuldades.

Não tendo a pretensão de esgotar os conceitos sobre o tema, propomo-nos a abordar alguns referenciais para situar-nos. De acordo com Colom (2004, p. 122), a teoria é, no fundo, o teatro da mente; a teoria é o drama que o homem representa em sua mente quando quer dar conta da realidade. Essa afirmação em muito contribui com as crenças sobre empírico e teórico. Ela está relacionada com a natureza humana. A pessoa tem, desde a tenra idade, curiosidades, desejos e necessidades que irão aumentando à medida em que cresce e convive com contextos que exigem ou suscitam novas provocações. É da natureza humana querer saber por que as coisas são como são. Queremos viver de forma confortável e atender, também, às nossas necessidades básicas. Na história da humanidade, por investigação pontual, ou mesmo por acaso, o ser humano, de forma individual ou em grupo, foi descobrindo formas, meios, explicações, respostas, que pudessem proporcionar-lhe compreensões ou soluções para os problemas e as curiosidades. São essas referências, denominadas teóricas, que ajudam a compreender ou a solucionar problemas da vida, do cotidiano, e nos ajudam a embasar novas descobertas.

Foi assim que surgiram as fórmulas e as leis da matemática, da química e da física, por exemplo. Foi assim que surgiram os conceitos que levam à compreensão da subjetividade da pessoa e suas implicações no agir e no relacionar-se. Enfim, foi assim que surgiu a estrutura das línguas, que facilitam a comunicação entre os homens. Foi a partir dessas descobertas que hoje temos luz em nossos ambientes, chuveiro que esquenta, carro que anda, prédios e casas consistentes, tecnologia fantástica, redes de comunicação que nos ligam a todas as partes do mundo em tempo real, aviões que voam, imagens coloridas nas TVs. Foi também assim que hoje temos curadas muitas doenças e nos compreendemos melhor. Foi, ainda, a partir dessas buscas que hoje compreendemos melhor os fenômenos da natureza e, em síntese, a vida.

Colom (2004, p. 123), também já citado, ajuda-nos a refletir essa questão quando afirma que o homem não estuda a realidade, mas sim cria uma realidade que possa ser estudada com os mecanismos narrativos que possui. Em toda a história, desde os números, as letras, a invenção da roda e do fogo, sempre foi essa busca incessante que motivou a humanidade a criar os meios para compreender a vida e atender as suas curiosidades e necessidades. E Colom (2004, p. 180) concluiu que a teoria não é mais do que um aspecto da necessária paixão pela vida. Por isso, não estamos defendendo a separação da teoria da prática, pois ambas estão interligadas e são dependentes uma da outra. Para fins didáticos, essa separação é aceita e necessária. No entanto, é preciso ter claro que não temos teoria se não houver um aporte da realidade empírica e vice-versa. Uma depende da outra.

Nesse sentido, Gramschi (1979, p. 13) traz importante contribuição afirmando que o senso comum é contraditório, dado que se constitui num amálgama integrado por elementos implícitos na prática transformadora do homem de massa e por elementos superficialmente explícitos caracterizados por conceitos herdados da tradição ou veiculados pela concepção hegemônica e acolhidos sem crítica.

Portanto, o senso comum sem o aporte teórico fica desorientado e desorganizado aos olhos do ser humano. Necessitamos da ordenação e explicação. Referência essa que o conteúdo teórico nos proporciona. Aqui, no entanto, é importante esclarecer que nenhuma explicação, compreensão, argumentação ou verdade são absolutas hoje. Estamos em processos de constante mudança e de transformação. O ser humano atingiu um estágio em que, a cada momento, surgem novos referenciais explicativos de toda ordem, mais complexos. É esse o fantástico da vida na qual estamos sempre em busca e sabemos que nunca chegaremos a explicações finais, pois é a humanidade, com suas compreensões individuais, que aponta respostas sempre limitadas e que, em outros coletivos ou individualidades, são passíveis de contestações, de complementos e de ampliações. Portanto, um conteúdo, que pode ter sido considerado teórico ontem, torna-se senso comum hoje, pois já foi explicado de forma mais avançada. Novamente afirmamos que esse é o belo da vida, pois não há respostas plenas. Há, sim, mentes em movimento, entre olhar a realidade, refleti-la e dar-lhe novas explicações. Assim delineamos nossas proposições para uma prática pedagógica empreendedora e competente. Enfim, uma prática que promova o desenvolvimento humano de forma mais efetiva e eficaz em buscas sem fim.

Feita essa viagem pelos referenciais teóricos sobre senso comum e teórico, voltemos a nossa reflexão para a percepção da realidade, situando-nos melhor na temática de acordo com o modo como a percebemos na caminhada. Nos últimos anos, durante as reflexões com os professores e mesmo durante as aulas de didática, constantemente, a confusão relacionada aos temas conteúdo, unidade temática, teoria, conhecimento emergiu. Somado a isso, esforçamo-nos em levar o tema à ressignificação, problematização, tanto no presente quanto no passado, exercitando a prática pedagógica em que a teoria viesse como "luz" para compreender e/ou resolver os problemas atuais. Mais e mais o conteúdo tornava-se fonte de discussão, pois era o meio que precisávamos e do qual partíamos para desenvolver as habilidades que nos levariam às competências almejadas. No entanto, a confusão se tornava cada vez mais visível: O que era teórico? O que era empírico?

Fomos aprendendo que na caminhada se aprende a caminhar. Muitos exercícios foram levados a efeito com professores. Um desses casos ocorreu com os colegas de Rondonópolis/MT (julho/2009). Foi-lhes solicitado encontrar problemas na realidade do Mato Grosso e relacionar os conteúdos que os ajudassem a explicá-los ou a resolvê-los. Foi nesse exercício que a confusão ficou mais pertinente. Os professores elaboraram duas colunas. Em uma, a relação dos problemas; na outra, os conteúdos que os explicassem ou resolvessem. Nenhuma surpresa. Em um momento, a mesma palavra aparecia como problema (p. ex.: poluição, desmatamento) e depois aparecia como conteúdo. A confusão estava instalada. Essas e outras experiências nos levaram à conclusão de que estávamos discutindo e falando de conteúdos, mas não tínhamos claros o seu conceito e sua classificação para organizá-los didaticamente no desenvolvimento das práticas pedagógicas. O caos também se instalou em nós. Precisávamos dar vários passos para trás na caminhada em que já vínhamos trabalhando com a ressignificação e a problematização dos conteúdos, sem ter clareza do que era conteúdo.

Fomos investigar o conceito de conteúdo. Encontramos algumas referências nos dicionários (aquilo que contém algo, etc.). As explicações encontradas não ajudaram muito, para não dizer quase nada. Precisávamos de clareza para a prática pedagógica e de conceitos pedagógicos para orientar e elaborar as práticas.

Enfim, o que normalmente fazemos quando não encontramos referenciais? Os criamos! Foi o que tentamos. Fizemo-nos ajudar por Fontes (2011) e nos pusemos a criar. O resultado está descrito a seguir. Inédito ou não, sabemos que está ajudando muito a nós, aos colegas professores e aos nossos estudantes de didática. Claro que as angústias estão sendo muitas. No entanto, os professores que avançaram e conseguiram classificar os conteúdos entre empíricos e teóricos tiveram mais sucesso no processo da ressignificação, problematização e na metodologia. Enfim, estão conseguindo aproximar-se dos ideais.

As classificações que elaboramos para o termo conteúdo tiveram a preocupação de aproximar a linguagem da compreensão dos professores. Vejamos as reflexões e os conceitos elaborados:

- Conteúdo do senso comum: nível subjetivo, muito superficial, pouco crítico e não sistemático. O grupo social a que pertencemos transmitiu-nos tradições, costumes, crenças, em suma, tudo aquilo que modela a nossa atitude natural face às coisas. Em nossas reflexões aceitamos que todo ser humano tem uma certa aprendizagem, mais ou menos aprofundada e complexificada sobre algo. Por exemplo, poluição, aquecimento global, algumas doenças populares, etc. Aceitamos, também, que mesmo não sendo especialista no assunto, o nível de compreensão de cada assunto é diferenciado, dependendo da história de vida, do ambiente de vida, da subjetividade, entre outros, de cada indivíduo. Além disso, concebemos que todo ser humano, desde sua natureza, tem a necessidade e o desejo de buscar, sempre mais, novas compreensões e/ou soluções para as dimensões da vida, em especial aquelas mais próximas de sua realidade e de suas necessidades.
- Conteúdo escolar: conceituamos o conteúdo escolar de modo a abranger todos os fatos, temas, situações, problemas, conceitos, princípios, valores, conhecimentos, entre outros, produzidos pelo ser humano ou pelo meio ambiente (natureza), e que serão abordados durante o processo pedagógico. Em princípio, aqui estão, de forma mais ou menos complexa, todas as dimensões do contexto mundo-vida. Como um dos papéis da educação formal é levar o sujeito a produzir novas aprendizagens e novas compreensões sobre a vida, compreendemos que tudo que existe e que está ao alcance das nossas percepções compõe os conteúdos escolares. Aceitamos, também, que precisam estar organizados e ser abordados pelos critérios definidos, para que sejam respeitados os níveis, em média, de desenvolvimento dos estudantes.
- Conteúdo teórico[1]: segundo Fontes (2011), é o conjunto organizado e coerente de princípios capazes de explicar fenômenos complexos. Concebemos que o conteúdo do senso teórico é a compreensão mais elevada que a humanidade já gerou para tentar explicar, dar sentido às coisas, apresentar soluções para problemas e curiosidades de uma época e que acabam sendo referência para organizar a

vida, as convivências, as ações do ser humano em um determinado período. Tornam-se esses conteúdos do senso teórico as bases para que as novas gerações possam aprofundar e complexificar a compreensão da vida. São, por exemplo, conteúdos do senso teórico os princípios de ética, de moral, as fórmulas matemáticas, as leis da física e da química, os conceitos da biologia, a sistematização da estrutura das línguas, os conceitos religiosos, os conceitos sobre o ser humano (suas relações de poder, sentimentos, ações). Concebemos ainda que, para haver a compreensão na prática pedagógica, o aluno precisa ser levado, de forma interessada e motivadora, do senso comum da realidade em que se encontra para o contato dos conteúdos do senso teórico, para que tenha novas compreensões e seja capaz de construir novas aprendizagens. É aqui que o aluno é remetido a conhecer "os porquês" que levaram a humanidade a essas situações ou problemas e construir compreensões sobre "como" ele, aluno, seja em sua subjetividade, nas suas relações sociais ou em sua atuação profissional, precisa ou pode projetar a sua vida e suas ações para bem viver.

- Conteúdo do senso comum (momento presente): esses conteúdos manifestam-se incorporados nos hábitos dos estudantes e trazidos por eles para o contexto escolar. Historicamente, os pensadores insistem que o ser humano consegue acessar novas compreensões se forem respeitadas as compreensões prévias que o sujeito já possui. Ou seja, o sujeito constrói novas compreensões a partir daquelas que já acumulou e que traz para a escola. É papel do professor, com o olhar nos conteúdos teóricos, identificar conteúdos do senso comum (fatos, situações, problemas, etc.) presentes na vida dos alunos, ou seja, com aqueles que eles vêm para a escola, e usar essa realidade para problematizar, provocar curiosidades e iniciar um processo pedagógico instigador. É importante lembrar que o ser humano se motiva e começa a compreender novas realidades a partir da sua realidade, e não ao contrário; isso, aliás, continua a acontecer nas salas de aula, em que o professor inicia o processo com conteúdos do senso comum ou teórico do passado e distante da realidade dos alunos.
- Conteúdo do senso comum (passado): são, historicamente, conteúdos vividos pela humanidade. Esses fatos, situações e problemas do passado, que deram origem aos conteúdos teóricos, precisam ser conhecidos e relacionados pelo professor com os con-

teúdos significativos do contexto do aluno. Forma-se aqui, um tripé de informações que o professor precisa dominar para ter a capacidade de organizar a prática pedagógica. Identificando os fatos que, no passado, deram origem aos conteúdos do senso teórico, o professor estará habilitado a identificar fatos da realidade atual, em que o senso teórico será o referencial para que o aluno compreenda e/ou resolva problemas do seu tempo ou, ainda, se habilite a construir compreensões fundamentadas para a sua atividade profissional.

Percebe-se, assim, que já estamos nos habilitando a ter visão sistêmica dos conteúdos empíricos – presente/passado e teórico. Em consequência, estamos nos preparando para abordar os temas da ressignificação e da problematização.

Conteúdos: a compreensão em um tripé

Resumidamente e para facilitar a compreensão, vejamos a representação no tripé a seguir:

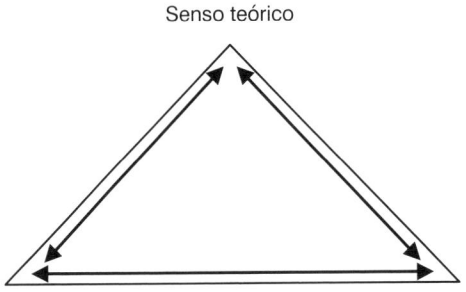

```
                    Senso teórico
                         /\
                        /  \
                       /    \
                      /      \
                     /        \
                    /          \
      Senso comum do passado — Senso comum do presente
```

Fonte: O autor.

Em síntese:
Senso comum do presente: são os fatos, as situações, os problemas, as curiosidades, os hábitos e as crenças da realidade e da vivência dos estudantes. Portanto, nível empírico.
Senso comum do passado: também no nível empírico, são os fatos, as situações, os problemas, as curiosidades, os hábitos e as crenças do passado. Por exemplo, há conflitos de manutenção de poder, raciais, de exclu-

sões, hoje, como também os tivemos de forma muito similar no passado. Dessa forma, situamos o aluno entre a sua realidade à luz do passado.

Senso teórico: são explicações e teorias sobre o senso comum da realidade dos alunos.

Assim, já encaminhamos a temática da ressignificação que será tratada no próximo capítulo. Podemos afirmar que a classificação dos conteúdos aqui abordados – senso comum e teórico – não pode ser analisada de forma separada da ressignificação. Para classificar os conteúdos, é preciso, antes, conhecer o seu sentido ou utilidade, em especial os conteúdos teóricos.

O tripé tem contribuído muito para esclarecer e organizar os conteúdos. As dúvidas dos professores são muitas. No entanto, como já frisado, sem essa clareza o restante do processo fica muito prejudicado, para não dizer impossível.

CONTEÚDOS TEÓRICOS E EMPÍRICOS: REFLEXÕES E CONTRIBUIÇÕES PARA A EDUCAÇÃO

Como a análise dos conteúdos depende também da ressignificação, que será abordada no próximo capítulo, a contribuição para a educação, neste momento, será limitada. Cabe frisar que todo o processo precisa ter conotação sistêmica. Nesta seção fazemos a análise por partes apenas por questões didáticas, melhorando a compreensão. Mesmo assim, sugerimos alguns encaminhamentos que podem ser feitos pelos professores.

Apropriados da visão histórica e sistêmica dos conteúdos empíricos e teóricos, os professores podem proceder ao seguinte exercício, de forma individual ou por área:

Passo 1: Classificar os conteúdos em teóricos: atividade que pode ser realizada por série, nível ou componente curricular, agrupando todos os termos capazes de oferecer explicações ou soluções para problemas ou curiosidades similares.

Algumas exemplificações de conteúdos teóricos:
- as leis, as fórmulas, os conceitos científicos que explicam termos empíricos relacionados a química, física, matemática, geografia e biologia, por exemplo;
- os fundamentos filosóficos, psicológicos, antropológicos, etc., que explicam a subjetividade humana, as relações, e estão ade-

rentes a áreas como história, ensino religioso, filosofia, sociologia, arte, literatura; e
- as normatizações e os conceitos da estruturam das línguas, permitindo o entendimento da comunicação entre as pessoas, entre as quais podemos citar a morfologia, a análise sintática, a pontuação.

Passo 2: Classificar os conteúdos em empíricos: por conteúdo teórico, agrupando todos os fatos, as situações, os problemas, as curiosidades, do presente e do passado, que podem ser explicados ou solucionados pelo conteúdo teórico de um componente curricular ou de áreas afins.

Entre os conteúdos empíricos, para exemplificar, podemos citar:
- os fatos provocados pelo meio (poluição, desmatamento, tsunami, terremotos, vulcões, reações, etc.);
- os problemas, desde a dimensão local como global, relacionados às convivências entre as pessoas, nações, sentimentos (brigas, guerras, problemas raciais, exclusões, estresse, hiperatividade, falta de fé, crenças, falta de sensibilidade, etc.) que precisam ser explicados por conceitos produzidos a partir de investigações sobre o ser humano (psicologia, filosofia, antropologia, etc.);
- os problemas relacionados à comunicação entre as pessoas e que podem ser explicados pela descrição da estrutura da língua;
- as curiosidades relacionadas a tecnologias de toda ordem, presentes no contexto atual (avião, trem-bala, edificações, automóveis, chuveiro elétrico, choque elétrico, robôs, celular, tv colorida, computador, internet, etc.), que podem ser explicadas pela física, matemática, química, etc.; e
- os problemas e as questões ligados ao mundo econômico (inflação, juros, orçamentos, etc.), que precisam de explicações de áreas como a matemática.

Esses exemplos são apenas referenciais, pois existem muitos outros. Assim também, algumas áreas de conhecimento indicadas são apenas referenciais, pois, na visão sistêmica, tudo está interdisciplinarmente integrado. O que queremos frisar é que todos os movimentos de produção de conhecimento passam pela reflexão entre o empírico e teórico. Dessa forma, acreditamos, teremos o cenário para formar pessoas com espírito científico e, consequentemente, empreendedores competentes.

Por fim, os professores podem proceder aos exercícios a seguir, obtendo a classificação sugerida. Os exemplos são apenas sugestão.

Senso comum do passado	Senso comum do presente	Conteúdo teórico
Indisciplina nas civilizações da Antiguidade, a lei do mais forte, disputas de poder – gregos, romanos.	Criminalidade, discriminações, acidentes de trânsito, uso de bebidas alcoólicas.	O ser humano e as regras de convivência social (fundamentos da área filosófica, sociológica, psicológica, etc.).
Astros, mitos, satélites naturais.	Sondas espaciais, satélites, telescópios digitais.	Astronomia.
Grandes massas para pequena geração de energia (queima de madeira, combustível, carvão mineral).	Reator nuclear, pequenas massas e grande geração de energia.	Física quântica – fissão nuclear.

Fonte: O autor.

Tendo discutido a análise dos conteúdos, encaminhamo-nos para a sua ressignificação.

NOTA

1 Conteúdo teórico aqui também é denominado como "conteúdo do senso teórico".

6
Ressignificação dos conteúdos teóricos

> É um grande desafio para os professores de física, química ou biologia tornar as aulas e o conteúdo mais atraentes para alunos que, muito frequentemente, se perguntam por que precisam aprender tudo aquilo. (Silva).

Entre os vários conceitos, podemos definir o ato de ressignificar como atribuir significado, no contexto atual, a conteúdos produzidos em contextos do passado e que serão abordados com os estudantes. Com os dados reunidos até o momento, esses acontecimentos podem estar no nível do senso comum das pessoas ou do senso teórico. Justificamos a decisão de focar a reflexão da ressignificação no senso teórico por se perceber que, na dimensão empírica, passado e presente, professores e estudantes normalmente não encontram maiores problemas devido aos fatos empíricos estarem mais próximos deles. No entanto, os conteúdos teóricos, por serem termos explicativos da realidade e mais abstratos, encontram-se distantes do campo de percepção e do domínio cognitivo dos estudantes e também de muitos professores, necessitando de ação didática que os tornem significativos nos novos contextos onde são abordados.

É preciso ajudar os professores a encontrar caminhos para ressignificar os conteúdos teóricos na vida dos estudantes, para que estes tenham noção do seu significado, sentido e utilidade nos contextos em que vivem ou onde irão utilizá-los. Portanto, o papel da ressignificação é dar

vida aos conteúdos teóricos. Elevar o conhecimento dos estudantes do nível empírico ao científico pressupõe, antes de mais nada, envolver o ambiente de sentido e utilidade para provocar neles a motivação e o desejo. Para preparar esse caminho, o professor precisa:
- desenvolver em si o olhar aguçado sobre as curiosidades e problemas que provocam os estudantes em seus contextos;
- preocupar-se em encontrar, no passado, acontecimentos similares aos do contexto dos estudantes para situá-los, proporcionando-lhes, no nível empírico, visão sistêmica e histórica; e
- conhecer a origem dos conteúdos teóricos, para apropriar-se da sua utilidade e sentido de ser e, assim, oferecer explicações ou compreensões para os acontecimentos do senso comum no presente.

Nas escolas que oferecem programas de conteúdos (lembrando sempre da confusão entre teórico e empírico) a serem desenvolvidos, o professor precisa, antes de mais nada, investigar os fatos e problemas que originaram o conteúdo teórico para, depois, visualizar a sua utilidade e o sentido de ser na vida dos estudantes. Em busca de respostas a essas questões, vamos situar-nos, inicialmente, a partir do que nos dizem os docentes em relação à ressignificação. Em seguida, iremos refletir esse tema apoiados no marco teórico e, no final, trazer reflexões que possam ajudar na ressignificação.

A RESSIGNIFICAÇÃO, SEGUNDO AS CONCEPÇÕES DOS PROFISSIONAIS DA EDUCAÇÃO

Os professores investigados por nós concordam, de forma unânime, que o conteúdo abordado nas práticas pedagógicas precisa ter sentido, ser útil e vir ao encontro das necessidades dos estudantes. Isso torna a aprendizagem motivadora e desejada. Trazemos aqui as concepções e opiniões dos professores sobre o tema da ressignificação para que possamos situar-nos frente à realidade e, a partir dela, propor possíveis caminhos.

Constatamos nas falas que o estudante precisa ver utilidade naquilo que aprende. O problema, contudo, é que a escola quer dar respostas para perguntas que os alunos não fizeram, tornando o conteúdo escolar raramente correspondente às reais necessidades dos alunos. Aqui já percebemos o histórico problema de que, nos conteúdos escolares, os interesses e as necessidades dos alunos não estão contemplados. Percebe-se nas opiniões que, a partir do conceito de ressignificação dos conteúdos, o aluno participa efetivamente do processo ensino-aprendizagem, pois percebe que o conteúdo abordado tem sentido na sua vida prática, proporcionando-lhe bem-estar e segurança.

Fica evidente nas falas que o conteúdo significativo causa nova motivação aos estudantes, quando os professores insistem que o aprendizado deve ser significativo, pois o estudante, sabendo para que aprende, sente-se motivado. O interesse desperta a emoção que move o aluno para fazer e gostar de fazer. Se gosta de fazer, realiza a tarefa com dedicação e a faz bem feita.

Além da ressignificação, as reflexões dos professores constatam que, quando há motivação, sentido e utilidade do fazer, há envolvimento emocional e afetivo, e o resultado produzido tem outra conotação. O sentido de ser do que é abordado faz, também, que o professor se motive e, consequentemente, afete os estudantes. Acreditam os investigados ser essa a grande motivação para que os professores qualifiquem seu trabalho e ressignifiquem os conteúdos, de tal forma a possibilitar aos alunos que realmente visualizem sentido naquilo que estudam e para que percebam as relações do estudado com a sua própria realidade.

Essa é a grande missão da educação, ou seja, que as novas aprendizagens ajudem a compreender a realidade, pois quando um aluno é capaz de construir um conceito em sala de aula e consegue mobilizá-lo ao interagir com o meio em que vive, demonstra a construção do conhecimento. Também percebemos a crítica dos professores em relação ao modelo em que se decorava datas, nomes, etc., mas não se sabia aplicar o conhecimento para entender a realidade mais próxima.

Também fica pertinente que o sentido de utilidade desencadeia o sentimento de sentido, gerando, por sua vez, afetividade. Essa afetividade é a motivação para o desenvolvimento cognitivo. É exatamente isso que viemos afirmando, ou seja, o cognitivo, sem o afetivo e o emocional provocados, está limitado em seu desenvolvimento. Segue ainda a afirmação de que o sujeito, à medida que se envolve com questões de seu interesse, desenvolve estruturas, tanto cognitivas, quanto afetivas.

Por sua vez, precisamos estimular os estudantes a serem ativos, pois isso torna o processo de construção do conhecimento dinâmico na busca do saber. Impressiona ao observar que, na maioria das vezes, os estudantes vão apresentando novas ideias e novos desejos de produzir e complementar o que já havia sido definido por eles mesmos anteriormente.

Dentre as inúmeras manifestações de satisfação que escutamos, essa ilustra bem o estado de espírito que um professor manifesta quando sente que sua prática pedagógica obteve sucesso. Às vezes, ouvimos dos professores que esse sentimento é o melhor salário.

Seguimos com mais contribuições dos professores que sugerem a construção e reconstrução de conhecimentos, por meio da investigação de problemas, do contexto, de situações e do olhar do passado, confrontado com o presente e a prática vista sob a perspectiva crítica, reflexiva e argumentativa. Como veremos nos referenciais teóricos a seguir, esse conceito está bem fundamentado, em especial quando afirma que a ressignificação proporciona a perspectiva crítica, reflexiva e argumentativa. Dessa forma, habilitamo-nos a pensar práticas pedagógicas que desenvolvam habilidades reflexivas. A partir da ressignificação, fica constatado que o estudante precisa ser capaz de perceber os problemas e as curiosidades do seu contexto e, apoiado pelo conteúdo teórico, do qual reconhece o sentido e a utilidade de ser, consegue argumentar, criticar e refletir. Afirmam os professores que a ressignificação dá sentido aos conhecimentos teóricos a partir da contextualização dos cotidianos e/ou realidades.

Outras compreensões seguem propondo que, ao conhecimento de fatos e situações que originaram o conteúdo no passado, é preciso atribuir sentido no contexto social e profissional para o qual o aluno está sendo formado. Além do conceito, também se sugere inserir nos planos de ensino e das aulas, efetivamente, pontos fundamentais do conteúdo da disciplina que devem ser ressignificados. Essa prática, ou seja, elaborar os planos de estudo na educação básica e os planos de ensino no ensino superior, provocando os professores para que apontem fatos, situações e problemas, no contexto dos alunos ou na sua futura profissão, cujo conteúdo teórico será significativo e útil, tem-se mostrado, apesar das dificuldades, um exercício que muito contribui com a qualificação das práticas pedagógicas. No momento em que consta no plano de estudos ou de ensino, e esses são do conhecimento dos alunos e familiares, o comprometimento torna-se mais contundente.

Com essas considerações, situamos as concepções dos professores em relação à ressignificação. Precisamos lembrar que os participantes dessa investigação já vêm se exercitando e estudando o tema há algum tempo. Também nunca é demais refletir que conceituar termos, nesse caso a ressignificação, é tarefa aparentemente simples. O complicado está no efetivo exercício de ressignificação.

Para embasar as ideias discutidas sobre a ressignificação, vamos abordar alguns referenciais e fundamentos.

A RESSIGNIFICAÇÃO: CONCEPÇÕES TEÓRICAS

O sentido e a utilidade são fundamentais para despertar curiosidades, motivações, envolvimentos emocionais e afetivos. Bem afirma Thums (1999, p. 103) que a necessidade de valores na vida do homem é um desenrolar para a autoafirmação, acontecendo o mesmo com as significações, pois o homem, não encontrando significados e valor em suas obras, cai por terra.

No âmbito educacional, muito se tem debatido a necessidade de contextualizar, produzindo conhecimento útil e significativo. No entanto, poucos referenciais foram produzidos sobre como concretizar esses ideais e por que os professores não conseguem ou por que têm tantas dificuldades em levar o idealizado à prática. Durante muitos anos, tentamos construir caminhos que contribuíssem para a solução dessas dificuldades. Entre idas e vindas, constatamos ser o maior entrave o não conhecimento dos acontecimentos que geraram o conteúdo teórico. Sem essas informações, o professor não conseguia perceber a utilidade e o significado dos conteúdos teóricos no contexto dos alunos. Optamos, então, pela investigação histórica dos conteúdos teóricos, ressignificando-os na atualidade, com base nos fatos que os originaram. Esclarecemos que essa opção não se deu por acaso, mas emergiu graças à reflexão junto com colegas docentes.

Motivados por esses princípios, fundamentamos a ressignificação. Dividimos os presentes referenciais teóricos em dois momentos: no primeiro, as reflexões sobre o sentido e a utilidade e suas implicações com a motivação humana e, posteriormente, a investigação dos acontecimentos históricos para compreender e dar sentido aos conteúdos teóricos.

A motivação humana movida pelo sentido e a utilidade

Iniciamos com algumas considerações periféricas, mas não menos importantes na presente abordagem. Smole (2011) afirma que a aprendizagem significativa não se relaciona apenas a aspectos cognitivos dos sujeitos envolvidos no processo, mas está também intimamente relacionada com suas referências pessoais, sociais e afetivas. Essa afirmação apenas incita as nossas reflexões, pois, como já lembrado, não podemos falar na provocação de emoções e no despertar de afetividades em relação aos conteúdos teóricos se não soubermos a utilidade e o sentido de ser deles. Para levar a efeito esses objetivos, necessitamos da ressignificação.

Na prática, no entanto, as resistências são inúmeras. Não é difícil encontrar professores defendendo que as teorias são elementos que estão em uma dimensão longínqua, muitas vezes, parecendo que vieram de outro planeta. Sabemos que as teorias foram produzidas por seres humanos, incomodados, curiosos e necessitados em apresentar soluções ou compreensões sobre determinados acontecimentos em uma determinada época histórica.

Arantes (2003, p. 217) vem nos ajudar a elucidar esse pensamento, afirmando que as teorias científicas, que, segundo Popper, constituem a verdadeira objetivação do conhecimento, não caem do céu nem brotam do chão, sendo produzidas por seres humanos, com todas as características pessoais, emocionais, psicológicas, ou seja, subjetivas do sujeito conhecedor.

É sabido que o ser humano, em sua trajetória, todas as vezes em que se defrontou com uma nova realidade ou provocou novas necessidades foi construindo respostas que forneciam uma nova compreensão da vida, traziam novas possibilidades e proporcionavam nova qualidade de vida. Essas novas explicações construídas, que chamamos de teoria, com o tempo foram incorporadas ao dia a dia das pessoas e se tornaram senso comum, exigindo novas teorias. São as chamadas crises de paradigmas. No entanto, (e isso é importante frisar), na época do surgimento, essas teorias tiveram sentido para o homem. Envolviam-no, provocando emoções e afetividade em torno dos processos.

Lembramos, entre outros teóricos, Lavoisier, Pitágoras, Darwin, Thomas Edison e Einstein. Bem afirma Bertrand (2001, p. 118) que o ser humano é como uma aranha que tece e pende de uma teia de significações. Ao estudar a vida desses teóricos, vemos suas tramas humanas, suas angústias, seu total envolvimento na busca de respostas aos enigmas. É preciso conhecer as histórias, adentrar em seus mundos para podermos humanizar os conhecimentos por eles produzidos. Cury (2003, p. 135) sugere que é preciso humanizar o conhecimento, contar a história dos cientistas que produziram as ideias que os professores ensinam. Significa também reconstruir o clima emocional que eles viveram enquanto pesquisavam. Significa ainda relatar a ansiedade, os erros, as dificuldades e as discriminações que sofreram.

Portanto, são essas significações que nos movem, nos motivam, atiçam as emoções e criam o campo afetivo. Não podemos admitir, sendo isso também impossível, que essas teorias, com significado em sua época, sejam simplesmente transplantadas para as mentes dos estudantes em outra época, sem dar-lhes o devido sentido e utilidade. Portanto, e é um termo que gostamos muito, a ressignificação compreende humanizar o conhecimento.

Toda essa trama está sempre repleta de contextos significativos do sujeito, como diz Bertrand (2001, p. 138) que a pessoa aprende em situações reais que são as da vida cotidiana.

Bertrand é acompanhado por Asensio et al. (2006, p. 101) quando afirmam que talvez não haja nada tão próprio na atividade cognitiva do sujeito como o modo peculiar de aprender o objeto com significado. Certamente não, como também nada pode ser tão enfadonho do que se confrontar com algo sem sentido, o que costumeiramente acontece em nossos contextos educacionais.

Ressignificar, atribuir significado e utilidade remete-nos sempre à relação com a motivação das pessoas. Portanto, esse elemento é tema intrínseco do fazer humano. Nos processos de produção de aprendizagem não é diferente, pelo contrário.

Ainda, segundo Chadwick e Oliveira (2001), a motivação pode ser ativada de forma intrínseca, quando movida pela curiosidade, pela fome, pelo medo, e, de maneira extrínseca, se movida pelo dinheiro, pelo elogio, pelas críticas. Portanto, todo o ser humano, aqui especificamente nos referindo ao professor e alunos, necessita de provocação, de curiosidade para ser bem-sucedido na produção de conhecimento. Esses são elementos que motivam, aguçam a emoção e a afetividade.

Nessas reflexões, ainda somos acompanhados por Rosa (1994, p. 48), afirmando que só pensamos sobre alguma coisa quando esta nos parece intrigante, curiosa ou interessante. E conclui Castoriadis (apud González Rey, 2003, p. 103) que o significado é um pensamento que ativamente se constrói por meio de um sujeito portador de sentidos. Portanto, sermos portadores de sentidos é fazer o corpo todo se mover de forma motivada, emotiva e afetiva.

Construir sentidos para os conteúdos teóricos na vida dos estudantes é um desafio. No entanto, é o passo primeiro, se quisermos provocar neles motivação, necessidades e curiosidades, tornando-os empreendedores e competentes. Na realidade educacional, como afirma Bertrand (2001, p. 85), a maioria dos alunos em dificuldades com a matemática no ensino básico não tem qualquer representação dos problemas que lhes apresentam. Sabemos que o problema não está restrito à matemática, mas se estende, de forma mais ou menos intensa, a todas as áreas de conhecimento. Continua Bertrand (2001, p. 124) que os estudantes aprendem melhor se virem para que isso pode servir-lhes na vida. Nessa mesma linha de pensamento, o autor acredita que uma pedagogia tem êxito quando se transforma numa práxis social de autodesenvolvimento, isto é, quando está centrada na transformação da vivência dos estudantes. Indagamos: como consigo formar uma relação afetiva, me emocionar com algo que não conheço ou não sei o significado ou, ainda, que não traz sentido para a minha vida?

A necessidade de dar sentido às teorias no contexto dos alunos é também abordada por outros autores. Freire (1997, p. 33) diz que é preciso discutir com os alunos a razão de ser dos saberes em relação com o ensino dos conteúdos. Morin (2000a, p. 36) afirma ser preciso situar as informações e os dados em seu contexto para que adquiram sentido. Perrenoud (1999, p. 45), por sua vez, comenta que, para ter sentido para os alunos, o aprendizado precisa ser associado às práticas sociais. Portanto, discutir a razão de ser dos conteúdos teóricos e associá-los à realidade dos estudantes são temas que voltam constantemente à tona quando tratamos de dar sentido ao fazer pedagógico.

Asensio et al. (2006, p. 57) criticam dizendo que sem a teoria educativa chegar à corporificar-se de maneira estável, sem que através dela o educador adquira certos hábitos de valorização e resposta adequada a certas manifestações das crianças, a teoria somente vair poder ser aplicada em situações não reais, unicamente sobre o papel. Portanto, sem valor para a realidade e necessidade dos estudantes.

González Rey (2003, p. 21) corrobora afirmando que as novas teorias definem seu valor pelas "zonas de sentido" que abrem e pela viabilidade das ditas zonas na continuidade do pensamento humano.

Nessa mesma linha de pensamento, Bertrand (2001, p. 48) afirma que, quando o estudante se apercebe da pertinência dos conhecimentos a adquirir, dá-se uma aprendizagem significativa. São inúmeros autores, mas os seus pensamentos todos remetem à necessidade do significado no fazer. Fica pertinente e consistente a necessidade de dar sentido e utilidade às teorias para que o aluno se envolva ativamente no processo e não apenas seja um participante passivo e ausente.

Bertrand (2001, p. 75) ainda enfatiza que toda e qualquer aprendizagem significativa é o resultado da atividade de um educando que produz sentido a partir das concepções preliminares mobilizadas e em função das situações e das informações que possui. Portanto, como já referido, o senso comum do estudante, ou seja, a realidade por ele conhecida e vivida, é o ponto de partida para o processo de aprendizagem. Aliás, levar o estudante a compreender sua realidade conhecida, vivida à luz de referenciais teóricos, pressupõe uma das grandes missões da educação.

Asensio et al (2006, p. 55) talvez consigam sintetizar as consequências das práticas pedagógicas limitadas com pouco ou sem sentido, quando afirmam que o mal-estar das aulas é comumente um mal-estar do tipo emocional. Supomos que não deriva do baixo nível acadêmico dos alunos, e sim da perda de sentido daquilo que professores e alunos têm nas mãos.

Os referenciais teóricos abordados nesse momento consolidam nossas ideias frente à necessidade de tornar os fazeres pedagógicos úteis e significativos, para que o envolvimento e a motivação dos estudantes se efetivem e as metas educacionais se concretizem.

A história como fonte para compreender e ressignificar os conteúdos teóricos

Na abordagem anterior, verificamos ser preocupação por parte dos teóricos, há muitos anos, que o conhecimento escolar tenha sentido e seja útil na vida dos alunos. Hoje parece haver consenso quanto a isso. No entanto, na prática, poucos avanços tivemos. Há algumas ações aqui, outras acolá. Alguns professores contextualizam conteúdos, outros dizem que não é possível, pois esse conteúdo é pura teoria. Enfim, podemos elencar inúmeras situações, dificuldades e fugas. Mas a grande questão se coloca: por que temos tantas dificuldades em incorporar o sentido e a utilidade do conteúdo teórico nas práticas pedagógicas?

Durante muitos anos nos debatemos na busca de caminhos para responder a essas questões. Encontramos inúmeras limitações, a começar, como referido, pela falta de clareza entre conteúdo do senso comum e teórico. Depois de muito ouvir, muito discutir e refletir o problema da ressignificação com os professores, encontramos na historicidade dos conteúdos teóricos um aporte significativo que nos proporciona conhecer sua utilidade e sentido no contexto dos estudantes. Além dos professores, muitos autores contribuíram nessa busca.

Fossa, Mendes e Valdés (2006, p. 97), por exemplo, afirmam que, se os professores não conhecem a história o bastante, os estudantes ignorarão a importância desse conhecimento. Essa via exige que se investigue a origem dos conteúdos teóricos, se conheça o contexto, as si-tuações e os problemas que os originaram e, com esse olhar, se encontre sentido para eles no contexto atual.

Também, de acordo com Gramsci (apud Perrenoud, 1999), as ideias e formulações mais iluminadoras são tipicamente do tipo conjuntural. Para fazer um uso mais geral delas, elas têm que ser cuidadosamente extraídas de sua concreta e específica imersão histórica e transplantadas para novo solo com considerável cuidado e paciência. Há tempos trazemos essa frase de Gramsci como referência, pois traduz muito bem o que estamos tentando afirmar em relação à ressignificação. Extrair da imersão histórica e transplantar com significado para novo solo (leia-se a realidade em que se encontram nossos alunos) é, sem sombra de dúvida, um exercício didático desafiador para os professores.

Gramsci é acompanhado por Foucault (2004), quando este afirma que é preciso retomar a história das relações entre sujeito e verdade de modo geral, as técnicas, tecnologias, práticas, etc., que as compuseram e regraram; do contrário, compreenderemos mal o que se passa com as ciências humanas.

Fossa, Mendes e Valdés (2006, p. 25), continuam a contribuir afirmando que o enfoque histórico é uma proposta metodológica que atua como motivação para os alunos, já que por meio dele descobrirão a gênese dos conceitos e métodos que irão aprender na sala de aula. Em outras palavras, permitirá deixar patente a origem das ideias.

Sem conhecer a origem das ideias, como vou dar-lhes sentido? Como vou trabalhá-las didaticamente? Essa é a lógica da vida, pois, se queremos conhecer algo, precisamos saber os entornos, o contexto histórico em que esse algo foi gerado ou por onde transitou. É preciso conhecer a teia das suas relações. Enfim, é relacioná-lo sistemicamente em todas as dimensões da vida.

Resgatamos e incluímos aqui mais uma dimensão humana na discussão da ressignificação dos conteúdos teóricos, ou seja, todos somos movidos e nos analisamos e nos compreendemos tendo como referência as nossas histórias de vida. Aliás, atualmente inúmeros estudos são desenvolvidos a partir dessa dimensão, como é o caso dos psicólogos que retornam na história de vida das pessoas, para analisar, compreender e apontar soluções para os problemas que os indivíduos enfrentam. Assim também ocorre com os conteúdos teóricos que foram produzidos historicamente por seres humanos e compõem a história de vida da humanidade.

Nessa linha de pensamento, deixemo-nos levar por mais alguns referenciais. De acordo com Asensio et al. (2006, p. 197) atualmente, e desde uma perspectiva mais específica e também mais especializada, as *histórias de vida* – e expressões sinônimas ou afins, como métodos biográficos, enfoques auto/biográficos, narrativas pessoais, documentos pessoais e relatos de vida – são, segundo a Associação Internacional de Histórias de Vida em Formação, práticas de investigação, de formação e de intervenção guiadas por um objetivo inovador e emancipador, que pretendem aproximar o trabalho individual do sujeito narrador de sua vida, com a dimensão coletiva própria dos seres humanos.

Podemos associar as histórias de vida de cada sujeito às produções teóricas geradas no passado e que hoje ajudam a explicar, compreender ou resolver problemas, se bem ressignificadas. Os mesmos autores (Asensio et al., 2006, p. 198) dizem que assim aparecem os grandes elementos constitutivos das histórias de vida: as pessoas, a temporalidade, o significado e a questão metodológica. Portanto, cria-se uma relação íntima entre a história, o significado e, consequentemente, a motivação, a emoção e a afetividade relacionadas ao objeto de estudo. Asensio et al. (2006, p. 198) consolidam essa afirmação dizendo que o sentido do que somos depende das histórias que contamos e que nos contam e, em particular, aquelas construções narrativas em que nós somos o autor e o narrador; enfim, nossas histórias de vida. E concluem (Asensio et al., 2006, p. 198) com mais duas contribuições valiosas: a primeira, que a recuperação do passado e o trabalho em torno das experiências vividas, individuais e coletivas, constituem temas de extrema atualidade; e a segunda, num enfoque biográfico, se tem estudado importantes aspectos do mundo educativo (os estudantes, os educadores, o currículo, a mudança e a inovação, a liderança, o tempo e o espaço escolar, etc.). Temos hoje a convicção de que toda essa discussão em torno das histórias de vida das pessoas é rico referencial para dar vida aos conteúdos teóricos, pois estes, produzidos por seres humanos, são também histórias de vida dos homens. Portanto, é essa a lógica que nos move na ressignificação dos conteúdos teóricos.

No entanto, o processo de ressignificação reside no professor e está impregnado por toda a sua cultura de formação, a qual pouco contribuiu para que ele conhecesse a origem dos conteúdos que hoje aborda com os alunos. Se Freire (1997) ensina que o aprendizado escolar precisa ser útil na vida dos estudantes, então, antes de tudo, o professor precisa conhecer o porquê de cada fórmula, lei e conceito. No entanto, na realidade, além da falta de clareza sobre o que é conteúdo, como referido, poucos profissionais conhecem o próprio sentido de ser deles.

De acordo com Moretto (2001, p. 20), para resolver uma situação complexa, o primeiro elemento exigido é conhecer os conteúdos. É importante nos colocar a questão: o que é conhecer? Até que ponto conheço aquilo que afirmo conhecer? Em nossa compreensão, conhecer é apropriar-se, de forma quanto mais sistêmica e histórica possível, do termo ou objeto a ser conhecido. Sua história é fundamental para situar-me, compreender e conhecer o significado.

Pelas dificuldades históricas que os estudantes encontram na matemática, como também em áreas correlatas como a física e a química, decidimos fazer um recorte especial dessa área e incluir algumas considerações pontuais.

De acordo com Fossa, Mendes e Valdés (2006, p. 11), sabemos que a matemática é um saber gerado pela sociedade humana e, por consequência, possui uma história. Todavia, esse conhecimento certamente se amplia em conteúdo, em escrita e em simbologia ao longo do tempo. Começa a ficar pertinente que o "bicho de sete cabeças" de muitos estudantes foi criado por pessoas humanas que tinham necessidades, curiosidades e desejos. No decorrer da história, a matemática foi se transformando, como todas as ciências, mas ela continua sendo uma ciência de humanos para humanos! Continuam Fossa, Mendes e Valdés (2006, p. 15), quando estes afirmam que um conhecimento da história da matemática deveria se constituir em uma parte indispensável da bagagem de conhecimentos dos matemáticos em geral e do professor de qualquer nível de ensino. Afirmação com a qual concordamos, pois a formação dos professores de matemática, como de todas as outras licenciaturas, deveria estudar a história dos conteúdos teóricos aderentes a ela. Fossa, Mendes e Valdés (2006) continuam fazendo importante registro ao comentar que o valor do conhecimento histórico não consiste em ter um bloco de historietas e anedotas curiosas para entreter os alunos a fim de dar voltas em torno do assunto tratado. Os autores insistem que a história pode e deve ser utilizada, por exemplo, para entender e fazer compreender uma ideia difícil do modo mais adequado. Quem não tiver a mínima ideia das voltas e reviravoltas que o pensamento matemático percorreu até dar, por exemplo, com a noção rigorosamente formalizada do número complexo, se sentirá, talvez, satisfeito, em introduzir em seu ensino os números complexos como o conjunto dos pares de números reais entre os quais se estabelecem as operações seguintes. Muito pontual essa consideração chamando a atenção para as historietas e anedotas, pois, em nossa caminhada, é exatamente isso que percebemos, ou seja, na ânsia de dar exemplos e contextualizar, contam-se algumas histórias e anedotas.

O professor que conhece a origem das fórmulas, no caso da matemática ou de outras áreas do conhecimento, tem compreensão diferenciada e insere fatos e problemas reais a serem compreendidos ou solucionados com o uso da fórmula. Fossa, Mendes e Valdés (2006, p. 83) também fazem importante crítica ao material didático oferecido ao comentar que é muito raro encontrarmos a história da matemática nos livros didáticos utilizados por professores e estudantes do nível fundamental e médio do sistema educacional brasileiro. Embora esses livros incluam, muitas vezes, certas informações históricas, tais informações geralmente falam sobre figuras históricas e acontecimentos que se constituem em algo meramente desnecessário à aquisição (geração/construção) do conhecimento matemático pelo estudante.

É exatamente isso que acontece. Quem produz o material didático, na grande maioria das vezes, faz apenas uma reprodução periférica da história. Temos consciência de que a construção do material didático, pela visão aqui defendida, dará muito trabalho e pesquisa. Exigirá investigar as origens e conhecer os fatos, as situações, os problemas, as curiosidades que provocaram os teóricos no passado. Sugerimos iniciar esse processo pela revisão dos próprios PCNs (Parâmetros Curriculares Nacionais, no caso do Brasil) e analisar, nas bases curriculares, o que é teórico e o que é empírico, apresentando subsídios de ressignificação. Essas informações ajudarão os professores a encontrar, no contexto dos estudantes, acontecimentos provocantes em que o conteúdo teórico se torne significativo e útil. Pelo constatado, estamos muito longe desse ideal. No entanto, precisamos iniciar esse resgate, sob pena de, daqui 10 ou 20 anos, estarmos ainda nos queixando de que a educação vai mal, é desmotivante, não tem sentido, e que aquilo que se aprende na escola não tem nada a ver com a realidade, que os estudantes são indisciplinados, que os professores estão estressados, entre outras reclamações.

Ao discutir a temática da ressignificação nas chamadas áreas exatas, encontramos, também, um depoimento muito significativo de Moreira e Ostermann (2005, p. 47), refletindo que em física, como em outras disciplinas, o que acontece é geralmente uma aprendizagem mecânica, simples memorização de fórmulas, leis e conceitos. Trata-se daquela aprendizagem de "última hora", de véspera de prova e que somente serve para a prova, pois é esquecida logo após ou, na hora da prova, não consegue resolver problemas ou questões que impliquem usar e transferir esse conhecimento.

Infelizmente, essa é ainda a nossa realidade. A essa constatação podemos acrescentar Alves e Dimenstein (2003, p. 18), quando relatam suas experiências educacionais durante o período da Guerra Fria, dizendo que era um mundo de revoluções, um mundo de confronto entre socialismo e capitalismo, das lutas contra o racismo. Afirmam que tinham um interesse enorme por tudo isso e o que os ligavam à educação era a notícia. No entanto, quando estavam na escola, o que ensinavam estava distante daquele mundo da sensibilidade. Dizem Alves e Dimenstein (2003) que acompanhavam a questão da África do Sul, a agitação política no Brasil, e que isso os fascinava. No entanto, não era medido pela sensibilidade que tinham com o conhecimento do mundo; era medido por *vovô viu a uva* (referência a uma forma de alfabetização por meio de cartilhas). Isso não os ajudava a entender o que estavam sentindo em relação ao mundo.

Como educador, esse depoimento nos causa tristeza, ao saber que a realidade das práticas pedagógicas pouco mudou nesse tempo. Não é por acaso que temos tantos problemas de indisciplina, e outros relacionados, em nossas escolas.

É preciso mudar essa realidade, e sabemos que existem caminhos. Aos poucos, de conteúdo teórico em conteúdo teórico, precisamos construir nossos arquivos de ressignificação e problematização. Como vimos, conhecer os porquês do surgimento desses conteúdos possibilita ao docente olhar para a realidade dos estudantes e visualizar situações, problemas e curiosidades nos seus contextos, nos quais estes se tornam significativos, começando, assim, a mudar a realidade constatada em nosso meio educacional. Para que o professor tenha essa visão, precisa pesquisar e ter à sua disposição material de apoio que lhe possibilite conhecer a origem dos conteúdos teóricos. É a partir dos acontecimentos empíricos da realidade, situando os estudantes no passado, que o professor irá provocá-los, oferecendo-lhes as fórmulas, as leis e os conceitos teóricos para que possam compreender a realidade ou resolver problemas do meio.

Para ajudar no processo de ressignificação, há alguns anos adotamos a figura a seguir, em que o docente se apropria da história dos conteúdos – senso comum do passado e senso teórico – e, dessa forma, tem visão significativa dos conteúdos na realidade dos estudantes.

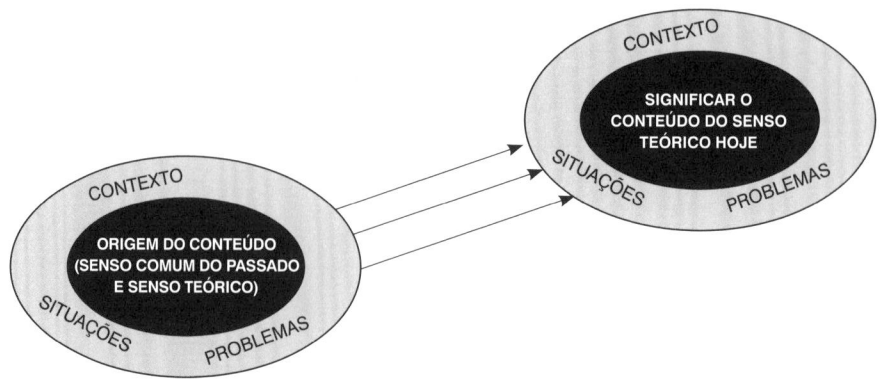

[Figura: diagrama com duas elipses conectadas por setas. Elipse da esquerda: CONTEXTO / ORIGEM DO CONTEÚDO (SENSO COMUM DO PASSADO E SENSO TEÓRICO) / SITUAÇÕES / PROBLEMAS. Elipse da direita: CONTEXTO / SIGNIFICAR O CONTEÚDO DO SENSO TEÓRICO HOJE / SITUAÇÕES / PROBLEMAS.]

Fonte: O autor.

Para compreender a figura anterior:

a) Os conteúdos teóricos surgiram, no passado, provocados por contextos empíricos, envoltos em situações e problemas de uma época. Quando falamos do passado, esse pode ser remoto ou próximo. Quanto mais remoto, mais esforço causa conhecer o contexto que deu a eles origem.

b) Significar o conteúdo do senso teórico hoje significa, a partir do exercício anterior, encontrar, no contexto atual, situações, problemas e curiosidades em que o conteúdo teórico tem sentido ou é útil para os estudantes.

Com essa visão, o professor consegue dar vida às teorias que parecem tão longínquas, tão insignificantes e tão inúteis. Estamos diante de exercícios que podem nos levar a responder a antigas angústias dos estudantes: professor, por que estou aprendendo isso? Onde vou usar isso?

Para concluir e nos deixar provocar um pouco mais, trazemos uma significativa reflexão de Cortella (2008, p. 42), sugerindo que, se for preciso passar por algumas atribulações, mas que são a obtenção do positivo, então o faremos com prazer e alegria. Se não conseguir entender por que estou fazendo aquilo e ficar em lamúria de forma contínua, aí o que vou obter é mero sofrimento.

Ao olhar para os nossos contextos escolares, é exatamente essa impressão que fica: parece que professores e estudantes estão passando por um grande sofrimento. Sabemos que, no entanto, se fizermos algo com prazer, com satisfação e com sentido, quando vemos utilidade no fazer, como afirma Cortella (2008, p. 42) na mesma passagem, podemos até cansar, mas não nos estressamos. O autor nos pede para não confundir cansaço com estresse. Provoca dizendo que temos cansaço quando uma atividade exige bastante, mas é prazerosa. O estresse se instala quando aquilo que é feito exige bastante, mas não se vê a razão de fazê-lo. Jogar uma hora de futebol cansa, mas não pode estressar. Resolver um problema de geometria cansa, mas não pode estressar. Trabalhar num projeto cansa, mas não pode estressar. Há estresse quando aquilo que se faz não tem muito sentido. Estudar segue a mesma lógica. Por que muitos de nós nos estressamos na escola básica? Por que vez ou outra você perguntava: "Professor, por que eu tenho de estudar isso?" e ele dizia: "Um dia você vai saber"; e você, aos 14 anos, ficava estudando as leis de Newton, tendo de decorar que "os corpos se atraem na razão direta das suas massas e na razão inversa do quadrado da distância entre elas", sem que tivesse conhecimento da finalidade daquilo. Ao fazê-lo, aquilo o estressava.

Feitas essas análises e provocações, vamos a algumas contribuições para ajudar os docentes em suas práticas a mudar esses cenários.

RESSIGNIFICAR: REFLEXÕES E CONTRIBUIÇÕES PARA A EDUCAÇÃO

Incontáveis exercícios de ressignificação foram desenvolvidos com professores de todos os níveis durante esses últimos anos. Os problemas encontrados são sempre muito parecidos. Entre esses, podemos citar:
a) A maioria desconhece o que é teórico e o que é empírico.
b) Boa parte, em vez de investigar o contexto, os fatos, as situações, os problemas que originaram o conteúdo teórico, simplesmente procura achar alguns exemplos no contexto (alguns chamam isso de contextualização).
c) Outro problema constatado é o olhar fixo no conteúdo de forma isolada. Para citar um exemplo, o caso da educação física nos esportes coletivos, os professores, para ressignificar, indicam a importância das regras e se esquecem que os esportes coletivos (handebol, basquete, etc.), desde a sua origem, procuram atender necessidades humanas na busca de metas coletivas e, hoje, são exercícios importantes para a formação da cidadania (espírito de equipe e a formação do pensamento coletivo).

Ao atribuir sentido aos conteúdos teóricos, a visão precisa ser ampliada. O professor necessita sistematizar de forma inter e transdisciplinar a sua análise, incorporando o máximo de fatos e situações interligados do contexto, tanto do presente como do passado. Assim, tanto professor quanto estudantes adquirem visão sistêmica e, enfim, começam a conhecer os conteúdos que trabalham. É importante relatar que os professores, ou os acadêmicos da didática com os quais temos convivido, ao realizar a ressignificação, facilmente chegam à conclusão de que, na origem, os conteúdos não eram fragmentados e disciplinares. Ali estavam envoltas situações sistêmicas das mais diversas (angústias, erros, acertos, aspectos sociais, econômicos, culturais, políticos, curiosidades, necessidades) do ser humano. No decorrer da história, infelizmente, retiramos o sentido de ser dos conteúdos e passamos a tratá-los de forma separada e fragmentada. Portanto, os conteúdos foram perdendo o seu sentido de ser. Em síntese, foram perdendo a sua vida. Precisamos resgatar essa perda histórica. A ressignificação dos conteúdos, como abordada aqui, também contribui, e muito, para que a interdisciplinaridade, tão propalada, seja possível. Aliás, por falta dessa visão, e para nós isso está muito claro hoje, a interdisciplinaridade também avançou muito pouco no meio educacional.

Dito isso, propomo-nos a sugerir – jamais modelar – encaminhamentos que possam ser feitos no meio educacional e ajudar a ressignificar os conteúdos teóricos.

RESSIGNIFICAR COM VISÃO NA ORIGEM

Os passos para a ressignificação, ora sugeridos, levam em conta dois sistemas escolares que, costumeiramente, estão presentes em nosso contexto. O primeiro é o mais tradicional e mais frequente: o professor recebe um programa (relação de conteúdos) a ser desenvolvido em um período letivo de um ano ou de um semestre. O segundo sistema é ainda pouco praticado, mas avançando em algumas escolas e já com resultados bem promissores: os professores, no começo de um período letivo, investigam e identificam os problemas e curiosidades presentes no contexto local, regional ou mundial e, a partir deles, mapeados, fazem a relação com os conteúdos teóricos aderentes que possibilitarão a explicação, compreensão e/ou solução. Tanto no segundo sistema como no primeiro, caso os professores não tiverem realizado o processo de ressignificação, estarão limitados em seus procedimentos. No segundo modelo, por exemplo, precisam saber que conteúdos teóricos irão explicar as problemáticas levantadas; enquanto no primeiro modelo precisam conhecer as problemáticas que os conteúdos teóricos recebidos irão explicar. Para dar conta desse exercício, deixamos as seguintes sugestões:

I – No modelo de sistema em que o professor recebe um programa com conteúdos teóricos a desenvolver:
   a) Inicialmente, certificar-se de que os conteúdos são realmente teóricos, fazendo a filtragem e, caso necessário, efetuar nova classificação da listagem.
   b) Num segundo momento, identificar conteúdos do senso comum (situações, fatos, problemas, curiosidades) no passado e que deram origem aos conteúdos teóricos a serem desenvolvidos. Para esse exercício, os professores podem usar os recursos tecnológicos (como o Google) para investigar a origem.
   c) Num terceiro momento, identificar conteúdos significativos do senso comum (situações, fatos, problemas, curiosidades) no presente e que sejam explicados pelos conteúdos teóricos a serem abordados. Esses acontecimentos atuais precisam ser relevantes para os alunos em sua idade, nível de desenvolvimento e contexto. Por exemplo, o estudante que vive no meio rural é provocado com fatos e problemas que partam desse meio e depois avancem para outros contextos; o estudante do meio urbano é o inverso.

Devido às atribuições do professor, o exercício da ressignificação pode ser feito por etapas. Sugere-se, em seu tempo e com metas estabelecidas, ressignificar os conteúdos de seu componente curricular, estruturando um arquivo com os acontecimentos da origem e os da atualidade. Depois de algum tempo, terá um rico arquivo que pode ser atualizado e ampliado. Em síntese, o arquivo pode ter a seguinte estrutura:

Conteúdos do senso teórico (alguns exemplos)	Conteúdos do senso comum *do passado* (acontecimentos) que deram origem ou são explicados pelos conteúdos teóricos	Conteúdos do senso comum *do presente* (acontecimentos) dos alunos e que são explicados, compreendidos ou solucionados pelos conteúdos teóricos
Ética		
Fórmula de Báscara		
Raiz quadrada		
Período composto por subordinação		
Lei de Lavoisier		

Fonte: O autor.

O professor, após esclarecer os acontecimentos que levaram ao surgimento dos conteúdos teóricos do passado e os acontecimentos atuais (empíricos) em que as leis, as fórmulas e os conceitos adquirem sentido e utilidade na vida dos alunos, terá um campo significativo – passado, presente, teorização – para, agora, planejar sua prática pedagógica, dando sentido e utilidade ao fazer tanto para ele como para os estudantes.

II – Num sistema escolar, em que o professor parte de problemáticas do contexto:

a) Antes de iniciar o levantamento das problemáticas, o professor precisa realizar, como já referido, o exercício de ressignificação dos conteúdos teóricos.

b) Individualmente, ou por área, os professores identificam as problemáticas e as curiosidades significativas para os estudantes em seu contexto local, regional e mundial.

c) Em seguimento, mapeiam os acontecimentos levantados, relacionando-os aos conteúdos teóricos que os explicam.

d) Com esse mapeamento, classificam, por série ou nível, os conteúdos teóricos e as problemáticas ou curiosidades aderentes, tendo, assim, interdisciplinarmente, o programa organizado.

Observações:
- É importante que, ao mapear os acontecimentos, com o olhar nos conteúdos teóricos, os professores possam selecionar fatos, situações e problemas que sigam uma certa lógica de complexidade dos conteúdos teóricos.
- Nesse momento, de forma interdisciplinar, podem desenvolver exercícios interessantes: um mesmo acontecimento pode ser trabalhado em várias áreas e níveis, como também podem ser trabalhados projetos específicos, entre outros exercícios. Tendo esse arquivo à disposição de todos os professores, a escola ou curso podem dar saltos de qualidade, com aprendizagem útil e significativa.

Para organizar os dados do exercício acima, sugerimos a tabela a seguir:

Conteúdos do senso comum (acontecimentos) recolhidos do contexto dos alunos	Conteúdos do senso comum do passado (acontecimentos) que têm relação com os conteúdos do presente para situar os alunos	Conteúdos do senso teórico aderentes ao senso comum	Áreas de conhecimento e séries ou níveis em que esses conteúdos serão desenvolvidos
Criminalidade, discriminações, acidentes de trânsito, uso de bebidas alcoólicas	Indisciplina nas civilizações da Antiguidade, a lei do mais forte, disputas de poder – gregos, romanos	O ser humano e as regras de convivência social	Áreas: português, ensino religioso, sociologia, história, etc. Séries: 7ª e 8ª do ensino fundamental
Sondas espaciais, satélites, telescópios digitais	Astros, mitos, satélites naturais	Astronomia	Áreas: ciências, física Séries: 1ª e 2ª do ensino médio
Reator nuclear, pequenas massas e grande geração de energia	Grandes massas para pequena geração de energia (queima de madeira, combustível, carvão mineral)	Física quântica – fissão nuclear	Áreas: química, física, matemática e biologia Séries: 2ª e 3ª do ensino médio

Fonte: O autor.

O exemplo acima serve apenas a título de sugestão. Existem muitas outras formas de ressignificar e organizar os dados; cada professor pode organizar o processo de acordo com o seu interesse. O mais importante é que, a partir dos referenciais em que acredita, cada um crie a sua própria dinâmica.

Cabe afirmar que esses ideais somente serão concretizados se o professor:

• estiver imbuído de que a prática da ressignificação tem sentido e pode ser útil na sua vida pessoal e profissional. Se não tiver esse espírito, tal qual o aluno, fará porque alguém mandou fazer. Nesse caso, é melhor nem começar; e

- tiver consciência do sentido e da utilidade, tal qual nós sempre fizemos, encontrando os melhores caminhos para realizar a ressignificação.

Para concluir, apresentamos um caminho e afirmamos que existem muitos outros. Discordamos daqueles que acham que o problema da ressignificação não existe. É preciso iniciar, e nossa sugestão está posta. Dessa forma, teremos dado mais um passo para tornar a prática pedagógica dinâmica e motivadora. Assim, também, estaremos preparados para a discussão do próximo capítulo: a problematização dos estudos a serem propostos.

7
Problematização: o disparador na provocação do desejo

A maior sorte que tive na vida foi ter um desafio permanente. (FRANÇA, 2008, p. 15).¹

Analisada a ressignificação, chegamos agora à problematização. Esse tema, em tese, conclui a preparação do professor para o planejamento e desenvolvimento da prática pedagógica. É o momento de introduzir, como veremos adiante na metodologia, problemas e curiosidades que instiguem os estudantes a buscar, no conteúdo teórico, as explicações necessárias.

Nossa meta é formar pessoas empreendedoras e competentes que saibam, à luz de embasamento teórico, analisar, compreender, argumentar e resolver problemas sempre novos ou satisfazer suas curiosidades, desenvolvendo o espírito de pesquisa. Ora, como sabemos, a pesquisa é motivada por necessidades e curiosidades; em síntese, problemas a resolver.

Aceitamos que a curiosidade e a problematização ajudam a colocar as práticas pedagógicas de acordo com a formação almejada. Muitos autores da atualidade sugerem que esses termos também são excelentes meios metodológicos para provocar o desejo e disparar na mente a vontade para buscar explicações. Portanto, esses termos podem tornar-se importantes contribuições para tornar os processos provocantes, instigadores e significativos. No entanto, preparar práticas com a inclusão da problematização e de temas curiosos depende diretamente dos passos anteriores aqui desenvolvidos. Ou seja, é preciso:
- saber distinguir entre conteúdos empíricos e teóricos; e
- ter realizado o processo da ressignificação.

Somado a isso, na problematização acrescenta-se outra necessidade a ser discutida e esclarecida, pois a maioria dos professores que acompanhamos tem dificuldade em conceituar problemas pedagógicos.

Portanto, dedicaremos este capítulo a refletir os conceitos problematização e curiosidade e a sua importância para o desenvolvimento de práticas pedagógicas que respondam aos ideais educacionais e às necessidades do homem contemporâneo. Aqui também buscaremos, inicialmente, apropriar-nos das concepções dos professores, seguindo para a fundamentação teórica e concluindo com possíveis sugestões para a prática.

CONCEPÇÕES SOBRE PROBLEMATIZAÇÃO A PARTIR DOS PROFISSIONAIS DA EDUCAÇÃO

Também aqui, para apropriar-nos das concepções dos professores sobre problematização, vamos relatar algumas ideias e opiniões. Como na ressignificação, os conceitos sobre problematizar estão bastante claros para os professores. No entanto, no momento de introduzir um problema real e significativo, que seja explicado pelo conteúdo teórico, as dificuldades se manifestam.

Encontra-se certa unanimidade entre os professores que concebem a problematização como motivação para provocar a atenção dos alunos, despertando neles o desejo de aprender. Assim, uma provocação pode suscitar no aluno a vontade de querer compreender o porquê das coisas serem como são. Portanto, nos aproximamos da formação de pessoas com espírito de pesquisa. Outra ideia dos investigados avança e coloca a problematização como estratégia aplicada para discussão e compreensão dos conteúdos.

Nas opiniões dos professores, também encontramos a reflexão de que, mesmo problematizando, alguns alunos não se interessam, como se o problema não lhes pertencesse. Daí o desafio de encontrar problemas que pertençam ao seu mundo. Essa abordagem levanta uma questão muito pertinente. Por mais que a problematização seja um meio de provocar os estudantes, é utópico pensar que todos se sintam afetados. Como sugestão para motivar um maior número de estudantes, aponta-se que o enigma precisa pertencer ao seu mundo. Essa é uma contribuição muito importante, no entanto ainda utópica, pois será muito difícil que o mesmo problema, por mais que os afete, se refira a todos. Uma dinâmica que pode melhorar isso é o professor apontar um ou mais problemas ou curiosidades, e os alunos contribuírem com outros da mesma linha de raciocínio.

Outros professores também contribuem apontando a problematização como uma possibilidade de aproximar o conteúdo da realidade do aluno. Problematizar, nesse sentido, é levantar questionamentos, provocar comparações, associar ideias, relacionar conceitos, aproximar realidades, identificar as origens dos eventos históricos para compreender os contextos atuais de vida de diversos povos, pessoas, cidades, governos, etnias, etc.

Mais uma opinião dos professores relaciona o problema a um obstáculo que precisa ser vencido para atingir um objetivo, e essa superação é resultante das reflexões sobre as possibilidades de solução. Aqui se exige a conjugação de todo o conhecimento acumulado ao longo da vida, seja ele empírico (senso comum) ou científico (senso teórico). Quanto mais experiências e confrontos tivermos durante a formação, mais teremos condições de argumentar e, sistemicamente, analisar contextos problemáticos.

Há consciência dos professores de que o problema é a maneira de "provocar" ou "disparar" o interesse do aluno em relação ao conteúdo. Refletem ser necessário rever os "provocadores" no planejamento da sua disciplina. O problema, em algumas literaturas contemporâneas, além de ser definido como um elemento provocador, também está sendo denominado disparador. Encontramos contribuições para a prática em algumas falas, ao dizer que a problematização de conteúdos se refere à inserção, no processo ensino-aprendizagem, de situações-problema em que o aluno irá se utilizar dos conteúdos para equacionar uma situação presente no cotidiano. Seguem-se relatos de como os professores desenvolvem suas práticas a partir de problemas. Alguns são questionáveis, como vemos nesta afirmação em que o professor diz que, ao introduzir o tema "Ar", distribui sempre leques feitos de papel ofício, como um apetrecho para torná-lo atrativo. Esse tipo de atividade, utilizando materiais para motivar os alunos, é uma técnica comum entre os professores. O lúdico é um meio que chama a atenção; no entanto, não incita, necessariamente, o espírito científico ao concentrar-se apenas em realizar uma atividade, sem com ela ascender a uma nova compreensão do contexto, com embasamento teórico, compreendendo ou resolvendo questões relacionadas ao fenômeno.

Em outro exemplo da prática, o professor relata a maneira como aborda o conteúdo das oligarquias, introduzindo-as a partir da análise da conjuntura atual das cidades vizinhas, que é do conhecimento dos alunos, onde no último pleito eleitoral, por exemplo, famílias que há décadas estavam no poder desmoronaram. O conteúdo também faz relação com o senso comum sobre apadrinhamento, corrupção, busca do poder, etc. Aqui temos efetivamente a inclusão de problemas do contexto que precisam ser, explicados pelo conteúdo teórico durante a prática pedagógica.

Outro exemplo da prática está relacionado aos problemas ambientais que estão provocando a crise do planeta, quando o professor, junto com os alunos, parte do levantamento de questões que os levarão a refletir sobre as causas dos problemas que estão acontecendo, com frequência cada vez maior. Novamente percebemos um significativo problema a ser discutido e, a partir do conteúdo teórico, são buscadas compreensões e soluções por parte dos alunos. Dessa forma, estamos fomentando o espírito de pesquisa e formando pessoas competentes.

Outro professor relata a sua prática quando aborda o estudo do conceito de voltagem e corrente elétrica (3ª série ensino médio), pegando uma lâmpada comprada no supermercado e conectando-a ao abajur do quarto de um aluno, que, ao ser ligada, não funciona. A partir dessa constatação vêm os questionamentos para analisar por que não funciona. Temos o problema e, em seguida, a pergunta, que já encaminha o levantamento de hipóteses. Percebam que o problema não é a pergunta, mas sim a lâmpada. A pergunta já é a busca da compreensão ou solução. Nesse momento inicial, refletem os professores, o aluno, ao responder, mesmo empiricamente, sentiu o desejo de aprender e, motivado, buscou solução. É essa a grande meta, pois o aluno, confrontado com o problema, sente a necessidade de buscar respostas no conteúdo teórico.

Um dos professores relata que várias foram as vezes em que entrou no primeiro período da manhã em sala de aula, carregando o jornal do dia, cujas manchetes traziam à tona questões atuais sobre países ou governos, cujos contextos históricos estavam sendo estudados. Esse exemplo é um dos artifícios que podem ser utilizados. Conhecendo o sentido de ser dos seus conteúdos teóricos, o professor enxerga, diariamente, seja nos meios de comunicação ou em outros contextos, problemas que podem ser introduzidos no processo pedagógico. É sabido que o ser humano é mais facilmente motivado com fatos e situações que estão próximos e atuais.

Assim, temos vários conceitos de níveis e áreas diferentes. Também podemos perceber que boa parte desses professores consegue, com bastante clareza, apontar e exemplificar o desenvolvimento da prática. Cabe relembrar que esses professores já tiveram leituras e exercícios teórico-práticos em relação à problematização e, mesmo assim, ainda percebemos muitas dificuldades.

Dito isso, seguimos para os referenciais teóricos que ajudam a embasar nossas reflexões sobre a problematização. Somamos à problematização o termo "curiosidade", que muito tem contribuído para qualificar a problematização e ampliar sua compreensão. Ou seja, um problema pertinente à curiosidade dos estudantes tem grandes possibilidades de obter sucesso.

A CURIOSIDADE E A PROBLEMATIZAÇÃO: CONCEPÇÕES TEÓRICAS

Iniciamos a abordagem pelos referenciais da curiosidade, pois a natureza humana vem por ela permeada. Podemos refletir a curiosidade como a capacidade natural e inata da inquiribilidade presente nos seres vivos que se foca na exploração, na investigação e no aprendizado. A curiosidade é inerente ao instinto humano e o faz sentir a necessidade de explorar o universo ao seu redor, somando informações novas às que já possui. Acrescenta-se ainda que a curiosidade humana é o desejo de ver ou conhecer algo até então desconhecido.

Percebemos que o desejo, a curiosidade e, como veremos adiante, a necessidade são dimensões humanas que, quando provocadas com significado, fortalecem a motivação e as forças, levando ao desenvolvimento das metas educacionais.

Nesse sentido, Eccles e Popper (1995, p. 70) trazem importante contribuição ao afirmar que possuímos uma curiosidade inata geneticamente fundamentada e um instinto de exploração que nos torna ativos na exploração do nosso meio ambiente físico e social. Em ambos os casos, somos ativos solucionadores de problemas. E acrescentam Eccles e Popper (1995, p. 173) que os organismos podem aprender pela experiência somente se forem ativos, possuírem objetivos ou preferências e produzirem expectativas.

Ao comparar as afirmações de Eccles e Popper e as atuais práticas pedagógicas, vem a preocupação: será que estão sendo contempladas as dimensões da natureza da pessoa?

Também encontramos as reflexões sobre a curiosidade humana em Peterson e Seligman (2004, p. 125). Os autores afirmam que a curiosidade, o interesse, a busca pelo novo e a abertura para novas experiências representam um desejo intrínseco de experiência e conhecimento. A curiosidade envolve o reconhecimento ativo, a busca e a regulação da experiência de alguém em resposta às oportunidades desafiadoras.

Temos, assim, mais um indicativo de que a pessoa tem curiosidade e deseja estar envolvida em situações desafiadoras. Para a educação, essas são contribuições importantes, mas também desafiadoras, pois, a partir delas, precisamos repensar os processos de formação de docentes e as práticas pedagógicas ainda presentes em nossos contextos escolares. Os mesmos autores (2004, p. 126) estabelecem relação entre curiosidade e interesse, constatando que eles são algumas vezes usados como sinônimos. Quando os indivíduos experimentam esses estados positivos emotivo-motivacionais, iniciam e mantêm comportamentos objetivo-direcionados, em resposta a um incentivo sugerido. A curiosidade é um componente fundamental motivacional de todas as facetas abertas.

Manter comportamentos objetivo-direcionados remete à concentração, a qual poderíamos acrescentar, somente ocorre quando o sujeito tem curiosidade, interesse, motivação, desejo e está afetiva e emocionalmente envolvido naquilo que faz. As crises às quais temos assistido nos contextos educacionais nos últimos tempos (falta de interesse, indisciplina dos alunos, mal-estar dos docentes, *bullying*, violências de toda a ordem) levam a pensar que as práticas pedagógicas e a própria estrutura física de nossos espaços escolares pouco têm contemplado as dimensões da pessoa.

Concluem Peterson e Seligman (2004, p. 128) que teorias mais recentes mostram o termo curiosidade como um sistema multifacetado, envolvendo uma ampla gama de emoções humanas, cognições e comportamentos. Isso sugere, no campo educacional, que somente com a provocação da curiosidade e com a necessidade seremos capazes de afetar o emocional dos nossos alunos e potencializar sua dimensão cognitiva.

Levar esses ideais como propulsores das práticas pedagógicas é desafio a ser superado. Nos últimos anos, surgiram inúmeras contribuições nesse sentido. Talvez a aceitação de que o mistério traz curiosidade e de que a curiosidade é a motivação do desejo humano para compreender possa ajudar os educadores, pois o enigma, a necessidade, o problema, etc., são meios para provocar a curiosidade dos estudantes, levando-os a interessar-se em aprender. No entanto, precisamos avançar muito em referenciais mais práticos, refletindo o que está no pano de fundo e que limita os docentes em avançar.

Retomando a caminhada, é preciso: ter claro, em primeiro lugar, a diferença entre conteúdo empírico e teórico para que se possa, a partir do teórico, explicar o empírico; ter clareza da ressignificação dos conteúdos, desde a sua origem até o contexto dos alunos; avançar no exercício da inclusão nas práticas pedagógicas de fatos problemáticos e curiosos que provoquem os estudantes; e, por fim, exercitar metodologias e avaliações que desenvolvam a mente com habilidades reflexivas e capacitem os estudantes a ter espírito de pesquisa, visão empreendedora e competência em seu agir pessoal e profissional.

Também encontramos em Zatti (2007, p. 35), quando afirma que a curiosidade é condição para a criatividade, a preocupação em não apenas permanecer na discussão que limita a curiosidade ao nível empírico, mas que, a partir dela, leva o conhecimento do estudante a um saber científico. Para esse autor, a curiosidade é a indagação inquietadora que nos move no sentido de desvelar o mundo que não criamos e acrescentar a ele algo que nós fazemos. A prática educativa progressista que visa a educar para a autonomia deve promover a superação para a curiosidade epistemológica, pois não há como ser autônomo sem criticidade, mantendo uma visão ingênua do mundo. O mesmo autor (2007, p. 35) contribui com nossas reflexões ao constatar que a curiosidade ingênua é o que caracteriza o senso comum, sendo esse um saber feito apenas da experiência sem rigorosidade metódica. Diz que a ingenuidade é nociva à autonomia, pois impede, inclusive, a percepção dos elementos de heteronomia que nos cercam. Sugere o autor a rigorosidade metódica como necessária para que conheçamos melhor o mundo e a nós e, assim, tenhamos maior capacidade de nos determinarmos, elemento essencial para sermos autônomos. Alerta, no entanto, que deve ser obra do sujeito a passagem da curiosidade espontânea, ingênua, para a curiosidade epistemológica. Isso só é feito com reflexão crítica sobre a prática. E conclui dizendo que, quanto mais a reflexão crítica ajudar o sujeito a se perceber e perceber suas razões de ser, mais consciente o está tornando, mais está reforçando a curiosidade epistemológica, e, assim, haverá condições para que ele seja sujeito autônomo.

Claro que essas reflexões parecem estar mais no campo da análise do conteúdo empírico e teórico, já refletido anteriormente. No entanto, agora somado com a ressignificação e a problematização, necessitamos delas para situar-nos na prática pedagógica almejada.

Para concluir nossas reflexões sobre a curiosidade e suas contribuições na motivação e no desejo dos estudantes em aprender, vamos buscar mais algumas contribuições em Peterson e Seligman (2004, p. 163), quando estes abordam a importância da motivação e do amor ao estudo, ao afirmar que o amor à aprendizagem é uma força que os professores gostariam de ver em seus alunos, que os pais querem incentivar em seus filhos, que os terapeutas de apoio querem ver em seus clientes e que os empregadores tentam promover nos seus empregados. Constatam que, quando as pessoas têm amor pelo aprendizado como uma força, são cognitivamente engajadas e geralmente experimentam sentimentos positivos no processo de aquisição de competências, satisfazendo a curiosidade, com base no conhecimento existente, e/ou aprendem habilidades que satisfazem a curiosidade, fundamentando-se no conhecimento existente e/ou na aprendizagem de algo completamente novo. Concluem que essa força tem importantes consequências motivacionais na medida em que ajuda as pessoas a persistirem no enfrentamento aos obstáculos, desafios e *feedbacks* (retrocessos) negativos.

Tanto professores como estudantes estão sendo hoje acometidos de mal-estares pela pouca curiosidade que os seus fazeres provocam. Como já afirmamos, esses problemas escolares têm levado à busca de ajuda nos consultórios dos psicopedagogos, psicólogos e psiquiatras e têm provocado faltas, desistências e reprovações. São dados desafiadores, pois, quando alguém está fazendo algo interessante e motivador, como afirma Cortella (2008), dificilmente adoece, cansa e desiste. É preciso ajudar os professores em sua formação a encontrar caminhos para que o aprendizado provoque curiosidade e desejo. Para concluir essa dimensão, Peterson e Seligman (2004, p. 176) afirmam que, para os indivíduos que trabalham com uma tarefa ou em um domínio que não acham interessante a presença de (a) uma boa razão para fazer a tarefa e (b) opções para tornar a tarefa mais interessante, podem levar o indivíduo a autorregular a sua experiência de interesse e, posteriormente, redefinir a tarefa de modo que a torne mais interessante.

Tarefas significativas, curiosas e interessantes provocam desejos e contribuem para que metas sejam atingidas e o bem-estar das pessoas envolvidas provoque um alçar voos mais desafiadores e emancipados. Potencializar os estudantes nesses objetivos é o grande desafio da educação e da formação de professores na contemporaneidade.

Portanto, no momento em que discutimos a problematização como disparador do desejo de aprender, além de retomar os aspectos já levantados anteriormente (empírico, teórico, ressignificação), acrescentamos aqui a reflexão de mais um ponto importante: a curiosidade.

ENTRE A CURIOSIDADE, A NECESSIDADE E A PROBLEMATIZAÇÃO

> Os seres humanos só se realizam quando conseguem expandir seus sentimentos, colocar suas emoções e encontrar um universo que, no mínimo, dê algumas respostas às angústias da vida. (Mosowera, 1979, p. 255).

Despertar a necessidade nos estudantes para que se sintam provocados e desejosos de aprender remete a uma nova modelagem em nossas formações e práticas pedagógicas. Na atualidade, temos indicativos de que, alcançada a provocação, aqui também denominada de problematização, teremos mais chances de ampliar as perspectivas de sucesso na educação.

Para ajudar na reflexão, trazemos alguns referenciais. Carreño e Santos (2010, p. 153) afirmam que a motivação humana é orientada pela busca de gratificação de necessidades. Independentemente do nível das necessidades, temos indicadores de que, na educação, a problematização tem hoje um papel relevante. Seja na formação ou na prática dos professores, a provocação precisa ser tema premente de reflexões.

Outros autores relacionam o termo (falta de algo) ao desejo e ao impulso de buscar respostas ou soluções. Segundo Rudel (2007, p. 35), um impulso não satisfeito a tempo leva ao surgimento de uma tensão – que caracteriza o desejo. Ainda segundo Lacan (apud GONZÁLES REY, 2003, p. 39), o desejo se instala na separação entre a necessidade e a demanda, e é nessa separação que nasce o desejo inconsciente. Por fim, González Rey (2003, p. 41) afirma que o fato de atar o desejo e o inconsciente à perda ou à falta conduz à universalização da fonte de ação humana. Essas afirmações muito contribuem para refletir a ação didática. Incorporar em nosso processo educacional impulsos não satisfeitos, provocar a tensão entre demandas não atendidas, perdas ou faltas relacionadas ao desejo e necessidades dos estudantes são contribuições que, somadas à capacitação criteriosa dos docentes e ao exercício de ferramentas e metodologias condizentes com as metas almejadas, podem abrir novas janelas para a educação.

Assim, incorporamos nas práticas pedagógicas o desejo humano de encontrar respostas para enigmas que o cercam. Mesmo tendo a consciência de não encontrar respostas plenas, a busca dessas respostas para as nossas necessidades sempre será uma das grandes razões do viver. Em muitos casos, e em especial na área educacional, precisamos de muita criatividade para despertar a consciência e superar os modelos educacionais da nossa formação. Uma dessas formas é relacioná-la com o desejo humano de buscar a verdade das coisas.

Afirma Oliva (1990, p. 96) que a ideia da verdade confere impulso à pesquisa. O esforço por conhecer e a busca da verdade continuam a ser as razões mais fortes da investigação científica. A formação do espírito investigativo é voz corrente no meio dos projetos educacionais. Estes estão relacionados com a busca da verdade que, quando provocada, torna-se necessidade para o sujeito. No momento em que temos o desejo, também permeado pela curiosidade, poderemos ter um cenário educacional provocante e motivador, contribuindo em muito na produção de aprendizagem significativa.

Bordenave e Pereira (2001, p. 24) vêm contribuir com a ideia de que a aprendizagem precisa ser desejada, apoiada no interesse por resolver um problema, detectar os problemas reais e buscar para eles soluções. Soluções essas embasadas em fundamentos teóricos.

Quando o fazer tem sentido ou razão de existir, nesse caso atendendo às necessidades e aos desejos dos estudantes, podemos confiar mais no sucesso dos pleitos educacionais.

Para Kupfer (1995, p. 70), o processo de aprendizagem depende da razão que motiva a busca de conhecimento. A essa afirmação de Kupfer, acrescentamos as reflexões de Gasparin (2005, p. 15), que afirma que o educando deve ser desafiado, mobilizado, sensibilizado; deve perceber alguma relação entre o conteúdo e a sua vida cotidiana, seus problemas e interesses. Torna-se mister criar um clima de predisposição favorável à aprendizagem. Podemos afirmar que essas afirmações teóricas nos cativam e nos enchem de esperanças. No entanto, sempre é bom lembrar que, se a formação dos professores não for revista, teremos poucas chances de mudar o atual cenário educacional.

Para concluir as presentes reflexões, relacionamos esse tema à problematização. No contexto educacional contemporâneo, termos como ressignificar – cujas dificuldades já apontamos acima – e problematizar, são focos de constante discussão na busca de caminhos para tornar a aprendizagem mais atrativa. Afirmamos agora que necessidade e problematização são termos congêneres.

De acordo com Saviani (2007), a essência do problema é a necessidade. Algo que eu não sei não é problema, mas, quando eu ignoro alguma coisa que eu preciso saber, eis-me diante de um problema. Em outro momento, diz o autor que da mesma forma um obstáculo que é imperativo transpor, uma dificuldade que precisa ser superada, uma dúvida que não pode ser dissipada são situações que se configuram como verdadeiramente problemáticas. Ainda em outra passagem, o autor ressalta que a compreensão do conceito-problema supõe a necessidade. No entanto, cabe lembrar que, para isso, ela precisa ser provocada no sujeito.

Por fim, frisamos que todos esses processos somente podem ser analisados de forma sistêmica, pois um depende do outro e se complementam de forma integrada. As dimensões cognitivas, afetivas e emocionais, o sentido, a utilidade, o desejo, a curiosidade, a necessidade e a problematização são forças que impulsionam a pessoa na busca de respostas, explicações e soluções. No momento em que podemos ter a curiosidade, a necessidade e o desejo de conhecer por que o avião voa, fato que pode ser explicado pelas leis da física, o problema do avião que teve pane ou caiu também é explicado por essas mesmas leis.

Após refletir as concepções dos professores sobre a problematização e embasar teoricamente as noções de curiosidade, necessidade e problematização, passamos a analisar caminhos que possam auxiliar os professores na elaboração e no desenvolvimento de práticas pedagógicas significativas e úteis, além de contribuir na formação de pessoas competentes e empreendedoras.

PROBLEMATIZAÇÃO E CURIOSIDADE: REFLEXÕES E CONTRIBUIÇÕES PARA A EDUCAÇÃO

Antes de iniciar a discussão sobre a problematização e a curiosidade, nunca é demais relembrar:
- para fazê-lo, o professor precisa ter claro a classificação dos conteúdos empíricos e teóricos e ter realizado a ressignificação dos conteúdos teóricos;
- a fonte da problematização, necessidade ou curiosidade é sempre o contexto empírico ou senso comum. É da realidade do estudante que emergem esses elementos que serão discutidos e analisados à luz dos conteúdos teóricos; e
- caso suprimir algum desses passos, o professor terá dificuldade na hora da prática.

Após esclarecer esses aspectos, podemos propor alguns encaminhamentos práticos, novamente frisando que o exercício pode ser individual, grupal, por área, enfim, como os professores acharem melhor.

Embasados, especialmente em Saviani (2007), temos que o problema é uma necessidade humana não concretizada. Nesse sentido, os professores podem utilizar como referencial o exemplo a seguir que traz, em uma coluna, as necessidades humanas e, na outra, exemplos de problemas que encontramos no contexto em relação a essas necessidades.

Necessidades do homem	Problemas atuais
Beber água limpa.	Poluição das águas.
Respirar, necessidade de equilíbrio ambiental (chuvas, etc.).	Desmatamento, poluição do ar, catástrofes ambientais (ciclones, etc.).
Conviver em harmonia, com afeto, etc.	Guerras, egoísmos, individualismos, exclusões, violência (mortes, agressões, etc.).
Alimentar-se, moradia, agasalhar-se.	Fome, moradores de rua, pessoas passando frio.
Fazer uma viagem de férias, a negócios.	Acidentes, carro estragado, curva mal feita no asfalto.
Saúde do corpo e da mente.	Doenças do corpo (câncer, gripe, coração) e da mente (depressão).
Viver com ética, valores morais e honestidade.	Desvios, roubos, desrespeito, mentiras, dinheiro a qualquer preço.
Ter metas e planejamento para atingi-las.	As pessoas e as instituições andam a esmo, perdem tempo, perdem a motivação, falências, falta planejamento ou disciplina para executá-lo.
Ter equilíbrio entre o que ganha e o que gasta.	Desequilíbrio financeiro, dívidas, cheque especial, etc.
Comunicar-se, entre outros, por escrito, criando para tanto símbolos e estruturas linguísticas.	Desconhecimento da estrutura linguística, causando, com isso, problemas na comunicação, como oração subordinada sem oração principal, pontuação, etc.
Ligação com um Ser Superior (Deus, Alá, Javé, etc.).	Falta de crença, fé, valores.
Utilizar as riquezas naturais.	Uso indiscriminado dos recursos naturais.

Fonte: O autor.

O mesmo exercício pode ser feito com as curiosidades humanas (conteúdo empírico). Vemos que cada curiosidade pode ser problematizada. Alguns exemplos:

Curiosidades	Problematizações
O avião voa (por quê?)	O avião caiu (por quê?)
O chuveiro esquenta (por quê?)	O chuveiro esfriou (por quê?)
A lâmpada acende (por quê?)	A lâmpada queimou (por quê?)
A pessoa ouve, vê, fala (por quê?)	A pessoa está surda, cega, muda (por quê?)
As lâmpadas de Natal piscam (por quê?)	Parte das lâmpadas da árvore de Natal parou de piscar (por quê?)
Falo no celular com pessoa do outro lado do mundo (por quê?)	Meu celular ficou mudo (por quê?)
A TV traz imagens coloridas de todas as partes do mundo (por quê?)	Durante um temporal a imagem ficou toda tremida e até, em certos momentos, desapareceu (por quê?)
O balão subiu (por quê?)	De repente, o balão caiu (por quê?)
Os peixes respiram debaixo da água (por quê?)	O peixe fora da água morre (por quê?)

Fonte: O autor.

O professor, após ressignificar os conteúdos teóricos e conhecer o seu sentido e utilidade, encontra nos problemas e curiosidades farto material para dar-lhes sentido. Assim, temos riqueza de meios para provocar o desejo e a motivação dos nossos estudantes. Agora sim podemos seguir para a reflexão da metodologia que nos introduz, finalmente, na prática pedagógica.

NOTAS

1 Alain Belda, executivo brasileiro mais bem-sucedido no mundo, segundo revista *Veja*, ed. 1809, ano 36, nº 26 de 2 de julho de 2003, p. 15.
2 As referências de Peterson e Seligman (2004) citadas neste livro foram traduzidas pelo Prof. Ms. Sérgio Ferreira.

8
Metodologia: o caminho que leva às metas

> No método articula-se a teoria e a prática, os pressupostos ético-políticos da educação, os conteúdos conceituais do ensino, com as características grupais e pessoais dos sujeitos em interação, nas condições concretas, conjunturais de operacionalização. (MARQUES, 1993, p. 111).

Chegamos ao penúltimo momento da nossa abordagem: refletir caminhos metodológicos que nos levem aos ideais. A discussão desenvolvida até agora teve como finalidade municiar o professor com dados, habilitando-o a inovar na prática pedagógica de acordo com as necessidades humanas no contexto atual.

A metodologia visa a discutir os caminhos didáticos que nos levem às metas. Partimos do pressuposto de que, ao fazer algo, precisamos ter método definido. Essa definição permite desenvolver as ações com objetividade e qualidade. Não ter método leva à perda do foco, e, com isso, esvai-se a motivação e perde-se o objetivo. Isso acontece em qualquer atividade humana, e na educação não é diferente. Se queremos formar pessoas: empreendedoras, competentes e com espírito de pesquisa, sabendo que, para atingir essas metas, precisamos de conteúdos empíricos e teóricos classificados, ressignificados e problematizados, e desenvolver a mente com habilidades reflexivas, então já temos dados o bastante para pensar o método, ou seja, o caminho que nos levará a essas metas.

Na prática, no entanto, não é bem assim. Para os professores, além das limitações já apontadas, soma-se agora a falta de clareza quanto ao conceito de metodologia. Às vezes, o conceito até está claro, mas não transparece na prática. Exemplo disso são as definições que encontramos escritas nos planos de trabalho, no caso da educação básica, ou nos planos de ensino, no ensino superior. É comum ver que, ao definir a metodologia, deparamo-nos com relatos como, vou usar o quadro, vou fazer trabalhos em grupo, aulas dialogadas, saídas de campo, vou usar o projetor, fazer seminários, usar o livro didático, os alunos devem produzir resenhas, etc. Isso são recursos que podem e são usados durante o processo, mas que não apontam os passos do caminho – início, meio, fim – (sem início e nem final pleno) que nos levarão às metas.

Portanto, para situar-nos quanto à metodologia, trazemos as concepções dos professores, em seguida apontamos referenciais teóricos e, no final, procuramos apontar possíveis caminhos para a prática.

A METODOLOGIA DE ACORDO COM AS CONCEPÇÕES DOS PROFISSIONAIS DA EDUCAÇÃO

Para discutir a metodologia, recorremos aos três livros por nós organizados, em que os professores coautores, após terem passado por processo de formação, no qual refletiram as temáticas da ressignificação e da problematização da metodologia, focados no Arco de Maguerez (MAGUERES, 1970) – o qual abordaremos adiante na fundamentação teórica, expressam as suas concepções referentes à metodologia. No referencial metodológico aqui sugerido, os professores:

- iniciam suas aulas (compreende a abordagem de um novo conteúdo teórico – que pode ter a duração de vários períodos) com um problema ou curiosidade (conteúdo empírico do presente);
- provocam o desejo dos alunos a partir de questionamentos;
- situam os alunos nos acontecimentos similares do passado (conteúdo empírico do passado);
- desenvolvem o conteúdo teórico, levando os alunos à compreensão ou à solução dos problemas e curiosidades iniciais;
- exercitam os estudantes, apresentando-lhes novos problemas ou curiosidades em que, apoiados no conteúdo teórico, demonstram que compreenderam ou conseguem resolver os problemas; e
- no final, na mesma dinâmica do caminho metodológico, os alunos são submetidos a avaliações em que produzem compreensões ou soluções teoricamente fundamentadas.

Vejamos algumas opiniões dos professores acerca do tema metodologia. Num primeiro momento, encontramos reflexões sobre a teoria e a prática presentes na metodologia, quando se afirma (Hengemühle, 2010b, p. 236), que ao pautar-se na importância do entendimento do problema vivido (prática) e do problema estudado (teoria), faz-se mister que pensemos na união desses dois pontos. Assim, uma maneira de se entrelaçar teoria e prática é desenvolver teorias partindo das vivências das pessoas (prática) e interferir no cotidiano, partindo de análises e recomendações acadêmicas (teoria). Em outro momento (p. 233), os mesmos professores dizem que a escolha metodológica, baseada em Maguerez, possibilitou o ganho de apresentar a dinamicidade entre dados e conceitos que se revelaram na prática pedagógica do curso e possibilitou aos alunos vivenciarem a articulação entre a teoria e a prática educacional tão propalada, mas pouco praticada. Ao mesmo tempo, optar por tal procedimento significou o ganho de apresentar a dinamicidade emergente entre dados e conceitos que se revelaram na prática pedagógica das disciplinas, bem como de possibilitar a articulação linear entre teoria e prática, na qual uma age sobre a outra, permitindo a recomposição mútua.

Em outra passagem (Campos; Hengemühle; Mendes, 2010, p. 113)[3], encontramos o pensamento de educar para a vida e, principalmente, para a preservação do meio ambiente, quando a abordagem de situações-problema para debater e buscar soluções implantando ação inovadora diante dos problemas que atingem o planeta terra torna-se fundamental.

O debate das soluções, de acordo com essa última citação, deu-se embasado no conteúdo teórico. Em ambos os casos, podemos perceber que os professores adquiriram propriedade do seu fazer, com visão nas metas a serem buscadas e delineando caminhos para construí-las. Outro depoimento (Hengemühle, 2008, p. 127) sugere que desenvolver esse tipo de prática aproxima-nos do ideal de uma pedagogia mais libertadora, em que não só o aluno é o grande conquistador, mas o professor também desfruta desse ganho. Ambos sobem ao pódio como vencedores, pois são incentivados a participar de um esforço coletivo de criar, construir, reconstruir e adquirir conhecimento, transitando por conhecidas e novas competências.

Percebe-se que a autoestima e a motivação profissional adquirem novas dimensões em que educadores e educandos vão sendo instigados e provocados no processo. Segue outra afirmação (Hengemühle, 2008a, p. 175), esclarecendo que a prática pedagógica, pautada numa situação-problema, conseguiu atingir muitos objetivos: motivou a curiosidade dos estudantes por possuir uma temática atual, dinamizou o estudo teórico por efetivar diferentes formas de pesquisa, teve como finalidade a aplicação do conhecimento em situações concretas, proporcionou a discussão em grupo, a crítica e a tomada de decisões e oportunizou a integração de alunos que pouco se conheciam e que, a partir de certo momento, aprenderam a valorizar e a complementar as ideias dos demais.

Vemos que a integração dos alunos é outro fator a ser considerado nesse processo. As aulas são dinâmicas, reflexivas, participativas. As discussões vão envolvendo os estudantes. Segue a afirmação de um professor (HENGEMÜHLE, 2008a, p. 124) de que, à medida que cada etapa do proposto foi sendo vencida, percebia-se o quanto havia sido significativa para os alunos. Acrescenta-se ainda outro aspecto interessante a observar durante o processo, que é a relação de conhecimentos que os alunos vão estabelecendo naturalmente, levando a novos questionamentos e interesses, em que a aprendizagem se dá repleta de significados e referências positivas para os alunos, que foram tão responsáveis quanto a sua professora por esse processo. Assim, concretizamos nossas ações apoiados nos ideais de vários teóricos, entre eles Vygotsky (1993), quando afirma que o professor é o mediador e que todos aprendem durante o processo pedagógico.

Percebe-se a dinamicidade e as progressões que tem um professor quando seu conteúdo está significativo, problematizado e tem clara a metodologia para dinamizar o processo. Da mesma passagem anterior (HENGEMÜHLE, 2008a, p. 126), complementamos que os alunos vão se dando conta de serem capazes de buscar o saber por si próprios e que o conhecimento não está detido em apenas um local, mas sim espalhado, podendo ser encontrado, independentemente dos caminhos seguidos. Aproximamo-nos, assim, da grande meta: formar o espírito perquiritório, instigador, desafiando o conhecimento dos alunos para que, na vida, estejam aptos a buscar explicações para os problemas ou para as curiosidades que aparecerem. Estamos diante da real possibilidade da formação de pessoas empreendedoras e competentes, com o desenvolvimento de habilidades reflexivas.

Destacamos mais algumas contribuições (HENGEMÜHLE, 2008a, p. 127), afirmando que todo o desenvolvimento desse processo percorreu um caminho longo de descobertas e desafios, tanto para os alunos como para o professor. Entretanto, foram muito claras as respostas que eles iam fornecendo no que diz respeito à aprendizagem, tanto individual como coletiva, em todas as atividades propostas. Na prática, percebeu-se ainda talvez não maior interesse, mas maior orgulho pelo trabalho com a construção da página da turma para inserir no *site* da escola e na exposição dos personagens, feitos com sucata. Era como se os alunos pudessem concretizar o conhecimento, transformá-lo em um produto final.

Resgatar o interesse e o orgulho ao ter produzido conhecimento significativo é ingrediente que está faltando em nossas salas de aula e nos olhos dos nossos alunos. Os professores (HENGEMÜHLE, 2008a, p. 142) também concordam que, na soma da problematização, buscando fundamentação teórica para os problemas apontados e fazendo os alunos produzirem e compreenderem as questões postas, conseguimos motivá-los e levá-los a produzir conhecimento útil.

É isso que perseguimos: o conhecimento útil e com sentido. Útil para a vida de todos os dias, útil para compreendermos melhor a vida, útil para sermos melhores pessoas, cidadãos e profissionais.

Seguimos ampliando nossas reflexões com o comentário de professores (HENGEMÜHLE, 2008a, p. 142), afirmando que as perguntas e as questões levantadas aos acadêmicos (após apresentar o problema), fruto da resistência ao ensino, permitiram que avançassem. Cada qual precisou formular suas respostas e desatar os nós que os impediam de desejar saber, permitindo-lhes sair do saber mínimo para o desejo de saber. Resistências essas que são comuns quando os estudantes necessitam sair de sua posição cômoda de copiar, decorar e repetir para a discussão de problemáticas, à apropriação de teorias, buscando explicações e produção teoricamente fundamentada. Se mudar a cultura do educador é um desafio, a dos estudantes não é menor. Na mesma passagem, um professor (HENGEMÜHLE, 2010, p. 149) comenta que uma acadêmica, ao final de seu processo, parece ter completado o Arco de Maguerez, retornando ao tema, porém, sob a influência de outros olhares, já não vendo mais o mesmo objeto. Agora o objeto sabido e capturado apresenta-se mais enigmático e volátil. Ao mesmo tempo, o professor pode perceber que o processo de aprendizagem já não depende do mestre, mas de seu desejo de saber, de seu método de pesquisa. Segundo relato do professor, a dúvida fez toda a diferença em seu processo de aprendizagem. Se o tema tivesse sido apenas apresentado pelo professor, a aprendizagem não teria sido tão intensa. A superação da angústia resultou em aprendizagem significativa e em seu desejo de saber.

A provocação da angústia e da dúvida é um dos grandes papéis da problematização. Ter, no final do processo, elevado a compreensão é, talvez, o grande desejo dos docentes quando submetem seus alunos a práticas de aprendizagem. Esse pensamento é externado pelos professores (Campos; HENGEMÜHLE; MENDES, 2010, p. 61) ao dizer que o aluno volta a sua realidade e adquire novos conhecimentos argumentativos que o ajudarão a reconstruir conceitos significativos para legitimar sua cidadania. Portanto, caminhamos para a formação da tão discutida aprendizagem com base científica, com a qual as pessoas, com espírito investigativo em constante movimento, estejam habilitadas a fundamentar e argumentar suas opiniões com referenciais teóricos, e não por achismos.

Para finalizar o destaque dessas ricas contribuições dos professores, vamos acompanhar o seu sentimento ao final da prática desenvolvida. O depoimento de um professor (Hengemühle, 2010b, p. 238) diz que hoje percebe ter desempenhado seu papel como mediador e transformador da realidade desses alunos, que imaginavam que a disciplina de fundamentos das artes desenvolveria atividades para aliviá-los de disciplinas mais complexas. Afirma ainda que colheu os frutos que cultivou nas aulas, pois, além de ser procurado frequentemente pelos alunos para ouvir suas descobertas no universo das artes, foi informado por eles da agenda cultural da sua cidade.

Um outro professor (Hengemühle, 2008a, p. 67) complementa e diz que cabe, no final, destacar a empolgação dos alunos durante todo o processo. Alguns educandos se mostraram mais resistentes no início, pois a mudança de hábitos requer um amadurecimento. No entanto, no final do processo de trabalho, ele constatou 100% de adesão por parte das crianças, e o resultado foi ao encontro do almejado[1]: a substituição do refrigerante por suco, chá ou achocolatado no lanche. E, quando alguém caía em tentação, havia uma cobrança do grupo. O mesmo professor (2008a, p. 67) comenta sobre a mudança de hábitos dos estudantes, dizendo que muitos pais comentaram os resultados observados em casa e agradeceram: – "Meu filho 'briga' quando compro refrigerante". E outro: "Agora só entra suco lá em casa!".

Novamente, percebemos os objetivos alcançados. A problematização o envolvimento dos alunos no processo traz mudanças em seu interior, muda hábitos e os reconstrói. Esse é o papel da escola: ajudar os alunos a viver melhor, a compreender melhor a vida e ter possibilidade de agir, não por achismo, mas por embasamento teórico. Nesse sentido, um professor (Hengemühle, 2008a, p. 95) comenta ter sido um desafio colocar a proposta em prática. Ao refletir sobre a prática pedagógica desenvolvida, constatou que precisou ter um olhar muito atento para captar situações e problemas significativos e da vivência do aluno, para provocá-lo e motivá-lo a buscar soluções. Conclui ser de fundamental importância conhecer a visão histórica e os fundamentos dos conteúdos, porque traz segurança ao professor, assim como para o aluno.

Como já bastante enfatizado, os professores, tendo ressignificado seus conteúdos, estão habilitados em captar situações e problemas no contexto da vivência dos alunos. Um dos professores (Hengemühle, 2008a, p. 108) enriquece nossas concepções ao afirmar ter sentido, também, uma mudança de postura nos alunos, no que diz respeito às atitudes. Ao longo do trabalho, aprenderam a conviver e aceitar as opiniões dos outros. Ficaram mais solidários, contribuindo uns com os outros na elaboração de materiais, tornando-se extremamente responsáveis no cumprimento das atividades e, acima de tudo, foram solidários com o próximo ao sugerirem a doação dos calçados arrecadados aos menos favorecidos. Diz ter-se sentido imensamente gratificado e que foi um ano no qual desejou ter mais meses letivos para vivenciar com os alunos essas constatações feitas ao longo dessa prática. Além das qualidades ressaltadas nos alunos, a última afirmação parece uma utopia. Enquanto muitos esperam ansiosamente pelo feriado e pelas férias ou, ainda, pela aposentadoria, essa docente lamenta que o ano letivo tenha terminado.

Mais um professor (Hengemühle, 2008a, p. 119) relata que essa prática pedagógica teve início a partir de outra prática, que a tornou tão significativa quanto a da origem. Foi necessário, no entanto, muito esforço para mantê-la vigorante no coração do próprio professor, uma vez que ainda estará presente uma tendência de conduzir as situações de ensino-aprendizagem por uma linha que eles já traçaram na sua concepção de como vão ensinar. Eles mesmos se "engessam", às vezes, sem se dar conta, pois esse processo já faz parte de um mecanismo, de um funcionamento que vem baseado nas suas próprias histórias de aquisição de conhecimento enquanto alunos.

Temos insistido na necessidade da mudança cultural do professor devido a toda sua história de formação acumulada e que teve como paradigma um modelo de educação bastante distanciado do que vem aqui idealizado. Insistimos que é preciso rever a formação inicial e incentivar a formação continuada.

Concluímos com o depoimento de mais um docente (Hengemühle, 2008a, p. 153), que diz que o que sentiu foi muito mais do que realização profissional, pois, além de educador, sentiu-se pleno como pessoa, ao ver que o trabalho gerou uma amplitude além do estimado. Como educador, isso é reconfortante de ouvir. Em outro momento, afirma (Hengemühle, 2008, p. 154) que, na retrospectiva desse relato, fica a prática de uma nova geração, a esperança de que o trabalho realizado tenha sido significativo o suficiente para ressignificar antigas culturas, seus valores e costumes, na busca de uma nova era, mais humana e sensivelmente integrada ao nosso meio.

Fica, a partir desses depoimentos, a esperança de que é possível desenvolver práticas pedagógicas significativas e úteis, não somente para os alunos, mas também para os professores.

Assim, seguimos para a abordagem de referenciais teóricos sobre a metodologia, buscando melhor compreensão das bases que nos conduzem no caminho para as metas.

A METODOLOGIA: CONCEPÇÕES TEÓRICAS

Iniciamos as formulações teóricas a partir da concepção de que o método incorpora a teoria de visão de mundo. Para compreender:
- se a nossa base teórica diz que a vida é estática, que o ser humano é passivo e apenas herda as informações e os conteúdos e os repete, então a metodologia precisa apresentar o caminho que leve as pessoas à capacidade de decorar e repetir o que recebem; e
- se a nossa base teórica sugere que a vida é dinâmica, que o ser humano é ativo, inquieto, curioso, em busca de respostas novas para realidades e necessidades sempre novas, com o desejo de saber por que as coisas são como são, que há indicativos de que a mente é provocada a partir de problemas e curiosidades e que as aprendizagens produzidas no passado são a base para refletir o presente e projetar o futuro, então o caminho que orienta o processo de formação precisa estar coerente com essa referência teórica.

Na prática, há uma certa ou total unanimidade em relação à segunda proposição. O problema das práticas pedagógicas consiste em nos pormos de acordo com uma base teórica no caso, a segunda, embora na prática continuemos a desenvolver a formação modelada pela primeira. Há, portanto, uma incoerência. Sabemos que essa realidade é fruto de toda uma formação cultural dos professores e da própria história da nossa educação. No entanto, não é mais possível aceitar um discurso tão incoerente e tão distante da prática.

Nesse momento em que abordamos os referenciais metodológicos, encaminhando as metas almejadas, todas as considerações até aqui desenvolvidas ou dificuldades apontadas neste livro precisam estar superadas, pelo menos em parte do contrário, nossa missão estará comprometida. Ou seja, se queremos pessoas empreendedoras, competentes, com espírito de pesquisa, com capacidades mentais reflexivas, envolvendo as dimensões cognitivas, afetivas e emocionais, então chegou o momento de exercitá-las.

O caminho proposto está focado em:
- inicialmente, provocar os estudantes com problemas e curiosidades o quanto mais inerentes aos seus interesses, situando-os também no contexto histórico;
- após o momento inicial, levá-los ao contato com os conteúdos teóricos que possibilitem compreensões ou soluções dos problemas e curiosidades provocadas;
- no final, confrontar o estudante com novos problemas e curiosidades e, utilizando-se dos conteúdos teóricos desenvolvidos ou por ele ampliados, comprovar que compreendeu ou que consegue resolver os problemas apontados.

Mesmo tendo discutido várias bases teóricas anteriormente – e que agora formam nossa teia de referências e sustentam nossa proposta – ao delinear a metodologia, acrescentamos ideias de mais alguns autores. Importante a contribuição de Ecless e Popper (1995, p. 69), afirmando que, para entender um problema, precisamos tentar ao menos algumas das soluções mais óbvias e descobrir que elas falham; então, redescobrimos que existe uma dificuldade – um problema. Para entender uma teoria, precisamos primeiro compreender o problema que ela se propõe a resolver.

A partir de Eccles e Popper, compreendemos que o professor, tendo claro o sentido de ser, a utilidade da teoria, os problemas e as curiosidades que podem ajudar a provocar os estudantes, terá as bases que precisa para desenvolver o processo. Assim, também, incluímos aqui o respeito à natureza humana na prática pedagógica. Nisso nos apoia Meirieu (1998, p. 73), ao dizer que é preciso respeitar o natural para nele introduzir o artifício, criar o artifício para nele promover o natural. Afirma o autor ser esse o movimento que pode ser, sem dúvida, situado no centro da aprendizagem; tal é o processo que ilumina as posições e os aportes da psicologia da aprendizagem (que estuda o natural) e da didática da aprendizagem (que inventa artifícios).

Nessas bases pensamos o caminho metodológico, preocupados com o respeito às dimensões humanas. Urge compreender como o ser humano aprende, como se motiva, como é possível provocar o desejo de crianças, adolescentes, jovens, de todos os estudantes, para que a aprendizagem seja significativa.

A partir da metodologia da problematização, caminho pelo qual acreditamos conseguir aproximarmo-nos das práticas pedagógicas que respeitem as necessidades e os desejos humanos, Meirieu (1998, p. 181) faz mais uma reflexão significativa ao afirmar que a pedagogia das situações-problema parece-nos responder, ainda que modestamente, aos três desafios que constituem o ofício de ensinar: com efeito, tem, em primeiro lugar, uma *função erótica* pelo fato de tentar suscitar o enigma que gera o desejo de saber; tem, em seguida, uma *função didática,* pelo fato de preocupar-se em permitir sua apropriação; tem, enfim, uma *função emancipadora*, pelo fato de permitir que cada pessoa elabore progressivamente seus procedimentos eficazes de resolução de problema. Três boas razões, a nosso ver, para empenhar-se em sua aplicação.

Podemos juntar às palavras situações-problema também os termos *curiosidade* e *necessidade*, como já visto anteriormente. Abordam-se, assim, alguns dos pressupostos que provocam na pessoa a vontade de buscar: o desejo (o autor chama de função erótica); a maneira como o novo é absorvido pela pessoa (função didática); e a necessidade do ser humano de constituir sua identidade e sua autonomia, desejo maior a ser alcançado pelos objetivos educacionais. Ser, enfim, uma pessoa capaz de compreender por que as coisas são como são (função emancipadora) e não apenas servir de objeto de manobra, decorando e repetindo coisas que não têm o menor sentido, ou apenas servem para uma limitada sobrevivência econômica.

Gadamer (apud MARQUES, 1993, p. 69) afirma que a compreensão começa onde algo nos interpela. Aqui recorremos novamente a Perrenoud (1994, p. 54), que resgata várias questões refletidas por nós. Como, por exemplo, a necessidade de formar pessoas competentes, que saibam resolver situações complexas e, ao mesmo tempo, estejam conscientes dos tipos de práticas desenvolvidas pelos professores. Nas palavras do autor, os professores acostumados a uma abordagem disciplinar não imaginam, realmente, a possibilidade de transmitir sua matéria a propósito de um problema, quando toda a tradição pedagógica leva-os a autonomizar a exposição dos conhecimentos e a conceber as situações de implementação como simples exercícios de compreensão ou de memorização.

Não queremos, de forma alguma, colocar a culpa no professor, pois não estamos procurando culpados; e, se assim o fizéssemos, teríamos que, também, enfronhar-nos na história, analisar as questões políticas, culturais e ideológicas que geraram essa realidade. Estamos, isso sim, buscando caminhos que possam auxiliar na aproximação entre a teoria e a prática e possibilitar aos colegas a qualificação do seu fazer e, por que não dizer, encontrar mais significado e satisfação nesse fazer.

Objetivando dar mais consistência à proposta metodológica, valemo-nos de uma contribuição de Berbel (1998, p. 32), sugerindo que, a partir de um problema, busca-se compreendê-lo e fundamentá-lo a partir de determinados dados, que são analisados e discutidos; por último, são elaboradas hipóteses de solução, que devem ser colocadas em prática para serem comprovadas e validadas.

Lembrando que, no lugar de problema, podemos acrescentar curiosidade e necessidade; essa afirmação de Berbel sintetiza muito bem o caminho que temos trilhado por muitos anos, exercitando com os professores práticas pedagógicas significativas e que levem às metas já referidas.

Para orientar melhor o caminho metodológico, utilizamos, no decorrer de nossos anos de estudo, o Arco de Maguerez (MAGUEREZ, 1970), por ser a melhor referência que encontramos até o momento. Podemos afirmar que muito nos tem ajudado. O que apresentamos a seguir já não é mais o arco original. À medida que avançávamos no processo, fomos, de acordo com as novas concepções incorporadas, modificando-o. Também deixamos claro que essa referência – sempre insistindo que não se trata de modelo – não é única. Como já dissemos em outros momentos, é importante que cada um crie o seu modelo e o aperfeiçoe de acordo com suas concepções, crenças e metas. Eis o referencial:

ARCO DE CHARLES MAGUEREZ

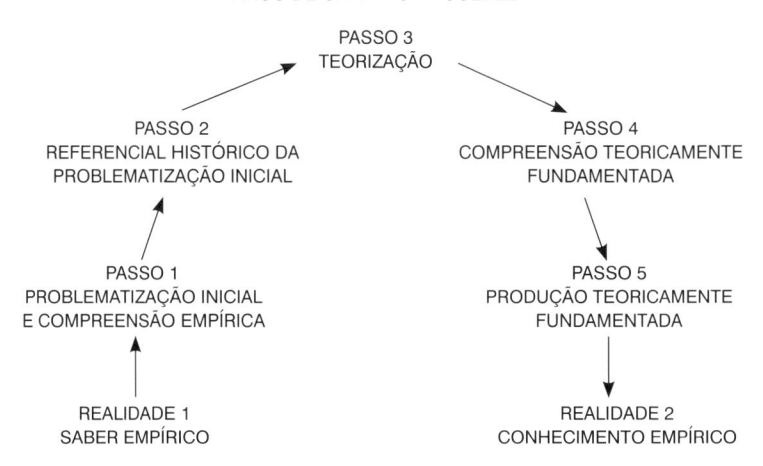

PASSO 3
TEORIZAÇÃO

PASSO 2
REFERENCIAL HISTÓRICO DA
PROBLEMATIZAÇÃO INICIAL

PASSO 4
COMPREENSÃO TEORICAMENTE
FUNDAMENTADA

PASSO 1
PROBLEMATIZAÇÃO INICIAL
E COMPREENSÃO EMPÍRICA

PASSO 5
PRODUÇÃO TEORICAMENTE
FUNDAMENTADA

REALIDADE 1
SABER EMPÍRICO

REALIDADE 2
CONHECIMENTO EMPÍRICO

Fonte: O autor.

Como podemos perceber, na metodologia do Arco, parte-se da realidade empírica problematizada do estudante, a qual situamos historicamente, buscando iluminação no conhecimento teórico e para chegar a uma nova realidade com aprendizagem embasada cientificamente. Nesse retorno, portanto, não se está mais no mesmo nível da competência anterior, pois agora, fundamentado na nova aprendizagem construída, o aluno deverá ser capaz de compreender as situações e/ou resolver os problemas do contexto, argumentando com base teórica.

Nesse caminho metodológico, o contexto do estudante é contemplado, há provocação a partir de problemas ou curiosidades, tudo refletido à luz do conteúdo teórico. Portanto, estamos diante dos elementos que encaminham o desenvolvimento da formação do espírito de pesquisa, do sujeito empreendedor e competente e, em todo o processo, exercitando as habilidades reflexivas. Como dizemos, não é o único caminho, mas, sem dúvida, é um bom caminho para orientar a formação proposta.

Para uma melhor compreensão de cada passo do Arco, trazemos algumas considerações.

Passo 1: curiosidades e situações-problema do contexto dos estudantes (momento da provocação do desejo com conteúdo empírico do presente)

O professor inicia a sua aula trazendo curiosidades e problemas significativos para os alunos, provocando-os com sentido, focado no conteúdo teórico que será desenvolvido. É fundamental, relembrando Vygotsky (1993), que essas curiosidades e esses problemas estejam na zona de desenvolvimento proximal do aluno. Também o professor, como já referido, a partir de um tema significativo, pode solicitar que os alunos apresentem curiosidades e problemas que lhes interessam. O que é importante frisar nesse momento é que, a partir de um tema, abordam-se as curiosidades e os problemas significativos para os alunos, sem ainda adentrar o conteúdo teórico.

Nesse momento inicial, percebemos que vários problemas já começam a limitar a atuação do professor ou, como costumamos dizer: iniciar a prática com curiosidades e problemas já é um problema para o professor. Senão vejamos:
- a formação e a cultura que o professor traz, em geral, sugerem que ele chegue à aula e inicie pelo conteúdo (remoto, lembrando sempre da confusão entre empírico e teórico), explicando-o aos

alunos, faça exercícios sobre o conteúdo, tire dúvidas sobre o conteúdo e solicite a repetição ou transposição das informações na prova; e
- o docente que não conhece o contexto, as curiosidades e os problemas que originaram o conteúdo teórico, ou seja, não fez o processo de ressignificação, não vai conseguir, ou terá muitas limitações em encontrar, no contexto atual, curiosidades e problemas para provocar o desejo, a curiosidade ou a necessidade nos alunos.

Pela dinamicidade do contexto, exige-se do professor, diariamente, um olhar aguçado sobre as curiosidades e os problemas (jornais, revistas, internet, noticiário local e global), fazendo constantes exercícios de coerência do contexto (conteúdo empírico) com os conteúdos teóricos que são trabalhados.

Apresentadas as curiosidades e os problemas, cuja dinâmica fica a critério do professor, encaminham-se as provocações das hipóteses de compreensão ou solução com os alunos. É importante lembrar que esses elementos que não provocam hipóteses não são curiosidades ou problemas, são apenas situações com respostas já pré-definidas, que somente sugerem respostas decoradas e repetidas. Aqui também percebemos as dificuldades e as limitações dos professores. Inicialmente, como os alunos ainda não tiveram contato com o conteúdo (fundamentação teórica), cada um, no seu senso comum, na sua individualidade, nas suas concepções prévias, na sua cultura, irá posicionar-se, apresentando seus argumentos (normalmente achismos) para a compreensão ou a solução da curiosidade ou do problema. Nesse momento, provoca-se, questiona-se, retiram-se os alunos da sua cômoda posição de receber informações acabadas e repeti-las. Eles, por sua vez, são colocados em movimento e conflito mental, como sugere Perrenoud (1999, p. 57) ao dizer que os alunos devem procurar a solução e construí-la, o que evidentemente supõe que a tarefa proposta esteja em sua zona de desenvolvimento próxima e que possa apoiar-se em uma familiaridade com o campo conceitual implicado.

O momento dos questionamentos que levam à provocação das hipóteses, dos desejos, da motivação dos estudantes, cuja dinâmica também depende da criatividade do professor, sugere que se utilize, em princípio, dois tipos de questionamentos: "Por quê?" e "Como?". O "por quê" e o "como", além de serem focados no exercício do espírito de pesquisa, questionam a realidade, colocam a mente em estado de caos e remetem à necessidade de um conhecimento superior (conteúdo teórico), a partir do qual o estudante possa construir nova compreensão ou solução para as curiosidades ou problemas do seu contexto. Estamos, assim, desenvolvendo o exercício da formação do conhecimento científico.

Passo 2: referencial histórico da problematização inicial (no campo empírico, situar os estudantes na história em relação à curiosidade ou ao problema suscitado no presente)

Sempre no campo empírico, ou senso comum, após ter provocado os alunos com curiosidades e problemas do seu contexto, é o momento de situá-los historicamente. Para tanto, o professor utiliza-se das informações que obteve durante a ressignificação. Ou seja, quando fez o exercício de conhecer a origem do conteúdo teórico, confrontou-se com contextos, fatos, situações, problemas, curiosidades do passado e que trouxeram a compreensão do conteúdo teórico. Agora, com os alunos, faz o caminho inverso. Ou seja, a partir da atualidade, situa-os na história de forma empírica, para que possam ter a visão sistêmica: hoje-ontem (senso comum) e hoje-ontem (senso teórico). Esse exercício é fundamental para os estudantes perceberem que as curiosidades e os problemas de hoje, em geral, já não são tão novos. Por exemplo, ao discutir a atual revolução na Síria, percebemos que, no passado, encontramos inúmeras revoluções parecidas, como é o caso da Revolução Francesa. Quando nos deparamos, hoje, com a transgenia, percebemos que, nos povos antigos, essa já era uma prática comum. Nessa dinâmica, podemos abordar todas as áreas e níveis de conhecimento.

Na área do direito, por exemplo, quantos fatos do passado se repetem hoje e têm jurisprudências? Na área administrativa, quantos modelos do passado ainda são problemas hoje? Assim, poderíamos seguir pela medicina, engenharia, agronomia, veterinária, teologia, sociologia, entre outros. Situar-se historicamente possibilita aos estudantes uma visão muito mais ampla da sua realidade. O exercício entre o presente e o passado empírico, no momento da compreensão teórica, possibilita uma abordagem bem mais rica e ajuda a suscitar a busca de compreensões muito mais complexas do que as já existentes.

Por sua vez, com os estudantes menores, o exercício pode ser feito a partir das histórias contadas pelos avós. Histórias relacionadas à genealogia, às relações humanas, ao viver em família, à constituição de uma comunidade, a fatos históricos não tão distantes e que continuam a perpetuar-se na realidade das crianças. No exemplo anterior, além de situar as crianças, estamos valorizando as pessoas que são muito caras para elas, como os avós e os pais. Com os estudantes maiores, e dependendo do tema, além de aproveitar as informações dos mais velhos, utilizamo-nos de outros meios para situar-nos no passado. Temos hoje ferramentas tecnológicas na internet que nos auxiliam, além de vídeos, filmes, bibliografias que podem ser úteis para desenvolver esse passo 2 da prática pedagógica.

Aqui também vale a criatividade do professor em localizar as curiosidades e os problemas da atualidade no contexto histórico para os estudantes estarem bem situados quanto ao campo empírico. Novamente, nunca é demais lembrar que, para exercitar práticas pedagógicas dessa natureza, precisa ter sido realizada a ressignificação e ter-se adquirido visão sistêmica entre o empírico hoje e ontem e a teoria que explica essa realidade.

Tendo provocado os estudantes, em momento inicial, com curiosidades, problemas significativos do seu contexto, questionamentos situados empiricamente entre o presente e o passado, estamos preparados para dar o próximo passo da aula: buscar, no conteúdo teórico, explicações, compreensões ou soluções para as nossas curiosidades e problemas.

Passo 3: teorização (momento da iluminação, compreensão fundamentada das curiosidades e dos problemas)

É nesse momento que a importância do conteúdo teórico se manifesta e adquire sentido, pois será a referência para responder, explicar ou solucionar o desejo provocado nos alunos anteriormente. Explicações e soluções criadas pelos chamados teóricos que, por curiosidade ou necessidade ou, ainda, movidos pelo desejo de conhecer ou resolver problemas do seu tempo, investigaram situações, confrontaram fatos e conseguiram chegar a novas verdades (sempre relativas) que irão ajudar, através dos tempos, a humanidade na compreensão das suas curiosidades e/ou solução dos seus problemas.

Portanto, nesse passo da prática pedagógica, a teoria torna-se a referência para que o professor possa levar os alunos a compreender, de forma significativa, as situações do mundo/vida e/ou tenham a capacidade de buscar, auxiliados pela teoria, a solução dos problemas da sua época. Além disso, esse exercício provoca novos desejos e buscas, abrindo horizontes para que o aluno possa ser um inventor ou criador de novas teorias úteis para a humanidade.

Munidos do exercício de incorporar curiosidades e problemas significativos do contexto, situando os estudantes historicamente e tendo a explicação, compreensão ou solução embasados no conteúdo teórico, chega o momento de conhecer se são capazes de, ao utilizar os conhecimentos teóricos, mostram compreensão ou solução às suas curiosidades e necessidades.

Passo 4: hipóteses de solução, com argumentação fundamentada teoricamente (momento de comprovar, refutar, reconstruir as hipóteses e/ou testar a teoria diante de novas curiosidades e problemas)

Em analogia com o paradigma no qual o professor transmitia conteúdos (fórmula, lei, conceito) que o aluno decorava e repetia, realizando um certo número de exercícios, na presente proposta também podemos denominar esse momento de exercício. No entanto, aqui se trata de apresentar ao estudante certo número de curiosidades e problemas do contexto, para os quais, embasado nos conteúdos teóricos, precisa apresentar compreensões, explicações ou soluções. Muda, portanto, o exercício mental, muda o foco do exercício.

Agora o aluno é desafiado por novas curiosidades e problemas. É o momento de experimentar a capacidade argumentativa, não por achismo, mas com fundamento na teoria. No coletivo da turma ou na individualidade, por meio de argumentos fundamentados de cada um dos seus membros, podem-se construir consensos, que não significam diálogos mudos, em que um fala e os outros concordam, mas, como diz Marques (1993, p. 101), acordos racionalmente motivados, na medida em que argumentar é oferecer razões que legitimem determinada pretensão. Esse, aliás, é o grande sonho na educação, ou seja, que cada cidadão tenha competência para posicionar-se criticamente. Posicionar-se, não por achismo, mas por critérios que fundamentam a sua opinião, o que Freire (1997, p. 43) expressa muito bem afirmando que é preciso possibilitar que a curiosidade ingênua, por meio da reflexão sobre a prática, se vá tornando crítica. Essa criticidade de que fala Freire, é exatamente a capacidade de analisar e/ou solucionar as curiosidades e os problemas do meio, com argumentos teóricos. É, enfim, saber os porquês daquilo que afirmamos.

Nesse momento, além de fazer uma análise das hipóteses anteriores sobre as curiosidades e os problemas iniciais, é importante que o professor, como mediador do processo, suscite novas curiosidades e problemas, de modo que a capacidade argumentativa seja exercitada em várias dimensões. As dificuldades apresentadas neste momento concentram-se, principalmente, em apresentar somente as problemáticas no senso comum e exercitá-las, sem ascender à fundamentação no conteúdo teórico; ou, como tradicionalmente fazia, apresentar atividades que se concentram em exercitar a teoria (fórmulas, leis). É preciso propor problemas e remeter o aluno a apresentar a solução ou compreensão embasada na teoria. É um exercício que exige mudança de paradigma, e é exatamente por isso que as dificuldades aparecem.

Desenvolvido esse passo, podemos partir para o final do processo.

Passo 5: compreensão e/ou reconstrução da realidade (momento de conhecer a capacidade de compreensão e/ou solução adquirida pelo estudante)

Nesse momento, temos várias possibilidades de praticar a compreensão do processo. Alguns professores preferem, aqui, oferecer mais um momento de exercício individual para conhecer a capacidade de cada estudante. Outros solicitam uma produção individual como parte integrante da avaliação. Independentemente das metas que o professor estabelecer para esse momento, é fundamental que o aluno, individualmente ou em grupo, tenha a possibilidade de produzir algo de forma reflexiva, nunca perdendo de vista a análise de situações curiosas e problemas reais e significativos à luz da teoria. Infelizmente, na educação atual, percebemos que os alunos têm uma grande limitação em, no final de um processo, escrever ao menos um parágrafo argumentativo, analisando uma problemática. Aliás, o próprio planejamento do professor demonstra, muitas vezes, que ele mesmo não compreende a metodologia como um caminho que tenha uma sequência entre começo, meio e fim (sempre relativo), cujos elos o aluno perceba e expresse. Pelo contrário, quando analisamos o planejamento de muitos professores, em geral encontramos, como já lembrado anteriormente, a metodologia sendo conceituada como aula dialogada, saída de campo, trabalho em grupo. Por isso, concordamos com Bordenave e Pereira (2001, p. 10) quando afirmam que a metodologia do Arco é um importante orientador para o professor, pois nela, segundo os autores, a aprendizagem torna-se uma pesquisa em que o aluno passa de uma visão sincrética ou global do problema a uma visão analítica dele mesmo – por meio de sua teorização – para chegar a uma síntese provisória, que equivale à compreensão. Dessa apreensão ampla e profunda da estrutura do problema e de suas consequências, nascem hipóteses de solução que obrigam a uma seleção das soluções viáveis. A síntese tem continuidade na práxis, isto é, na atividade transformadora da realidade.

A metodologia do Arco de Maguerez (1970) sintetiza, de forma bastante consistente, o desenvolvimento de boa parte dos fundamentos educacionais defendidos na contemporaneidade, pois

- partimos da realidade do aluno para depois levá-lo a um mundo abstrato, fundamento defendido por muitos teóricos;
- partimos de problemáticas reais, pressuposto primeiro para formarmos o espírito de pesquisa e a construção de pessoas competentes e empreendedoras;

- realizamos, em todo o processo, exercícios mentais reflexivos;
- o professor é mediador, e o estudante, de forma ativa, precisa exercitar-se entre a realidade vivida e a teoria;
- concretizamos o exercício de muitas das dimensões humanas, em que o desejo, a motivação, o cognitivo, o afetivo e o emocional são provocados; e
- os conteúdos teóricos adquirem sentido e utilidade.

Podemos acrescentar outros aspectos; no entanto, nos apontados, já temos vários indícios de que esse caminho pode ajudar bastante professores e alunos.

Feitas essas considerações, vejamos alguns referenciais da prática.

METODOLOGIA PROBLEMATIZADORA: REFLEXÕES E CONTRIBUIÇÕES PARA A EDUCAÇÃO

Por tudo que vivenciamos, podemos afirmar que as práticas pedagógicas que partem da curiosidade e da problematização empírica dos estudantes, situam os estudantes empiricamente no passado histórico, apresentam o conteúdo teórico para compreender e resolver problemas ou curiosidades provocantes do contexto dos alunos e partem de situações curiosas e problematizadas para exercitar as habilidades mentais superiores dos estudantes, fazendo-os refletir, argumentar, compreender o contexto à luz do embasamento teórico são um bom caminho, embora não o único, para aproximar nossos ideais educacionais de sua concretização.

Para dinamizar as práticas pedagógicas, precisamos oportunizar aos professores o exercício teórico-prático. Como estamos chegando ao final das nossas reflexões sobre metodologia, fazemos questão de trazer sempre presentes os aspectos-chave que norteiam a construção da nossa proposta. Nesse sentido, sugerimos, tanto para os profissionais que atuam nas instituições de educação básica, como no ensino superior, seja em nível de licenciaturas ou bacharelados[2], em grupo ou mesmo individualmente, exercitar-se na superação das seguintes problematizações percebidas:

I – Problema 1: o perfil de egresso almejado, também sugerido como competências almejadas pelo projeto pedagógico, muitas vezes não é conhecido pelos professores, já que não há preocupação com o seu sentido e, menos ainda, com as práticas pedagógicas – metodologia e avaliação

– necessárias para exercitá-lo e conhecer a dimensão em que foi desenvolvido. Para superar essa limitação, sugerimos o exercício a seguir:

Perfil almejado pelo curso ou pela escola (extraído do projeto pedagógico)	Que compreensões os professores têm sobre o perfil almejado	Como serão desenvolvidas as práticas para exercitar a formação desse perfil	Como será a avaliação para conhecer o nível em que o perfil almejado foi atingido
Crítico			
Empreendedor			

Fonte: O autor.

Esse exercício acima é muito importante, pois se percebe, na prática, quão distante se está do conhecimento dos projetos pedagógicos do curso ou da escola e da reflexão sobre o significado e a prática necessária para desenvolver o perfil almejado.

II – Problema 2: também já referido, há pouco conhecimento, muitas dificuldades e pouco referencial prático sobre os termos – conteúdo empírico e teórico, ressignificação e problematização. Para superar essa limitação, já indicamos, nos capítulos anteriores, o exercício que compreende:
- a classificação dos conteúdos em teóricos e empíricos – presente e passado; e
- a realização do exercício da ressignificação e da problematização.

III – Problema 3: é comum que as jornadas pedagógicas, as reuniões dos professores e os grupos de estudo sejam momentos de discutir trivialidades, dar avisos ou, ainda, discutir os problemas do cotidiano das instituições. Aliás, no ensino superior, esse problema ainda é mais contundente, pois os encontros são mais restritos do que na educação básica e, em geral, ainda mais evasivos. Nosso foco está centrado, tanto para os professores da educação básica como superior, em refletir e exercitar, na prática, os ideais propostos pelos projetos pedagógicos que, é importante lembrar, devem ter sido construídos coletivamente pela comunidade escolar ou acadêmica.

Para superar essas limitações, sugerimos que os professores, por área ou por curso, durante as reuniões e jornadas, exercitem a elaboração de práticas pedagógicas reais, coerentes com os ideais prospectados, podendo seguir os passos metodológicos apontados acima. Além de produzir as práticas, é fundamental socializar por curso, área ou intercursos e níveis, refletindo as produções e reavaliando-as. Propicia-se, assim, um ambiente de trocas de ideias e, o que é muito importante, o coletivo do grupo cria confiança e coragem para investir na inovação de práticas, o que, tratando-se de professores, é um grande desafio a ser vencido. Posteriormente, durante o semestre, cada professor pode exercitar o que foi desenvolvido na jornada, preparando relatos para serem socializados no próximo encontro coletivo, no qual o processo pode ser criticado, reavaliado e redimensionado. Daqui podem emergir produções escritas para serem publicadas, ampliando, assim, o leque das discussões e qualificações com mais colegas, inclusive de outras instituições.

Assim, focados no perfil do estudante almejado e nos princípios definidos nos projetos pedagógicos, os professores desenvolvem o hábito da formação continuada que, como sabemos, é permanente e não tem fim. Estabelece-se, portanto, o exercício fundamental para o sucesso da educação contemporânea: ter metas, conhecendo-as, discutindo-as, exercitando-as no grupo, levando-as à prática, reavaliando-as no coletivo do grupo e publicando os resultados.

Não é nossa intenção trazer modelos, mas nos cabe aqui relatar a elaboração de uma prática pedagógica desenvolvida por nossas acadêmicas na disciplina de didática, no 1º semestre de 2011, na Faculdade Cenecista de Osório.

CONTEÚDO TEÓRICO: CÉLULAS

Passo 1 da aula: momento da provocação do desejo e dos questionamentos, a partir de problemas ou curiosidades dos estudantes.

Para desenvolver esse momento, as acadêmicas apresentaram um vídeo do Homem Elefante, cujo rosto é totalmente desfigurado. A partir do vídeo, começam os questionamentos: O que acontece no vídeo? Seria uma montagem? É de verdade? É uma doença? Por que isso acontece? O que aconteceu no rosto do "homem elefante" poderia acontecer em outra parte do corpo? De outra maneira?

Passo 2: momento de situar os estudantes historicamente em relação à curiosidade e problematização provocada no passo 1.

Aqui, as acadêmicas apresentam um texto com o histórico das células e, para não perder a motivação dos estudantes, trazem imagens de personalidades (atrizes) com fotos mostrando, de um lado, a pessoa jovem, e do outro, a mesma atriz já velha, provando a importância das células para conhecer por que as pessoas envelhecem. Apresentam mais outra imagem chocante da doença e dos estágios de crescimento das pessoas ilustrando como as células contribuem para a compreensão e o estudo da vida.

Passo 3: momento da teorização e compreensão das curiosidades e problemas discutidos até o momento na aula

Aqui, as acadêmicas apresentam, por meio de textos e imagens de células, suas classificações e composições. Para ilustrar, mais uma vez, trazem a doença do câncer e relatam os problemas celulares presentes nessa doença. Enfim, de várias formas, a célula é apresentada aos estudantes para que esses tenham o conhecimento necessário, podendo compreender e explicar, de forma embasada, as situações curiosas e problematizadas que suscitaram a discussão inicial.

Passo 4: momento em que os estudantes são provocados a exercitar a compreensão do conteúdo teórico, a partir de novas curiosidades ou problemas apresentados pelo professor.

Para realizar esse exercício, de forma muito sugestiva, as acadêmicas apresentam a imagem de um famoso jogador de futebol e seu filho, fazendo o seguinte questionamento: observe, fundamentado no conteúdo desenvolvido em aula sobre as células: eles se parecem? Por quê?

As acadêmicas deixam claro que o conteúdo a ser usado para responder, em especial a questão "por quê?" é o das células, desenvolvido durante as aulas. Ou seja, para resolver o seu problema, o estudante precisa recorrer ao conteúdo teórico.

Em seguida, apresentam a foto de duas atrizes famosas, muito parecidas e questionam: Argumente, embasado nos referenciais teóricos desenvolvidos em aula, por que há semelhança.

Novamente percebemos que há a preocupação em apresentar um fato interessante para os estudantes (jogador de futebol, atrizes) e remeter o exercício de reflexão para o conteúdo teórico. Forma-se o tripé mencionado anteriormente: os problemas do contexto, a explicação teórica e a realidade recompreendida ou reconstruída.

Passo 5: momento de conhecer a compreensão dos estudantes, de preferência, a partir de uma produção individual de cada um.

Lembramos que o professor pode usar esse momento para a avaliação, como já referido. As acadêmicas que elaboraram a presente aula, no entanto, preferiram separar esse momento e colocar os estudantes, individualmente, frente à seguinte situação:

> Conseguimos ter sustentação e movimento graças ao esqueleto que nos fornece estrutura. Ao mesmo tempo, nosso revestimento tem elasticidade para nos possibilitar a movimentação. A partir dessa afirmação, pesquise em referenciais teóricos as diferenças dos ossos e da pele. Em seguida, escreva um texto argumentativo embasado em, no mínimo, dois autores, analisando suas células e fundamentando o porquê de suas características.

Certamente o referencial apresentado necessita e pode ser melhorado, questionado e reconstruído. No entanto, ele está bem aderente com o que entendemos ser uma prática pedagógica qualificada para compreender a vida, apoiado nos conhecimentos historicamente produzidos, e o que é ainda mais promissor, formar pessoas que estejam mentalmente capacitadas para investigar novas teorias, mais complexas e aprofundadas do que as já conhecidas. Aproximamo-nos, assim, dos históricos sonhos da educação: as instituições educacionais serem espaços onde as pessoas desenvolvam, de forma mais plena possível, suas dimensões e potencialidades.

Com essas reflexões, encaminhamo-nos para o último capítulo, que irá abordar o processo avaliativo.

NOTAS

1 O professor havia desenvolvido prática pedagógica relacionada à cadeia alimentar – hábitos alimentares saudáveis.
2 Fazemos aqui referência aos docentes dos bacharelados e licenciaturas, pois ambos precisam estar capacitados para exercitar os perfis pretendidos e necessários hoje. Se os últimos necessitam formar professores para práticas pedagógicas diferentes das que temos, os primeiros também precisam formar profissionais competentes e empreendedores dentro dos preceitos da contemporaneidade.

9
Avaliação: o perfil almejado como meta e as habilidades reflexivas como meio

> Muitos professores ainda agem desta forma: conferindo nota dez para quem repete exatamente o que é dito e zero para quem contraria as suas expectativas. Poderia, então, pensar um aluno inteligente, que, para merecer a nota máxima, seria suficiente colar ou decorar. O professor parece nunca ter-se dado conta desse fato e narcisisticamente aprova quem decora. (Saltini, 1997, p. 17).

O tema avaliação tem sido debate constante no meio educacional. Alguns procuram conceituá-lo, dizendo que ela deve ser realizada no decorrer de todo o processo. Outros refletem e questionam que, historicamente, foi utilizada como poder e como meio disciplinador por parte dos professores. Outros, ainda, discutem o tipo de questões solicitadas nas avaliações que remetem à decoreba e à repetição de informações. Por sua vez, também são questionadas as formas de expressão das produções, por meio dos sinais de certo e errado, nota ou conceito. Há também aqueles que analisam os instrumentos de avaliação: prova objetiva, subjetiva, trabalho, etc. Ainda há análises psicológicas sobre os impactos do uso da caneta vermelha e da nota vermelha e suas influências na motivação e autoestima dos estudantes. Enfim, são inúmeras as reflexões. No entanto, em boa parte, a avaliação ainda segue as mesmas nuances culturais das práticas pedagógicas, ou seja, nela cobramos a repetição de informações transmitidas.

Pelo refletido até o momento, concordamos que a avaliação seja realizada durante todo o processo, precisando, para tanto, o professor de instrumentos adequados, coerentes com os objetivos e práticos para o registro do produzido. Somos de acordo que a avaliação precisa ser realizada por instrumentos variados; no entanto, não podemos abrir mão de que forneça elementos para que o professor possa saber se as habilidades planejadas foram desenvolvidas de forma satisfatória e se está no caminho certo na formação do perfil almejado. Muda, portanto, o processo avaliativo. Respostas certas e erradas podem ser expressas em número para atribuir uma nota. Porém, a capacidade de argumentar, de mostrar compreensão, de análise, de reflexão, entre outras, são habilidades que não podem mais ser identificadas por meio de números ou por sinais de certo e errado. Essas habilidades compreendem movimento e, para tanto, precisam de referenciais como conceitos ou comentários analíticos.

Nos referenciais defendidos na presente produção, o modelo das questões também precisa ser mudado. Agora, prevalecem os termos "por que", "como", em substituição aos termos "quem, quais, complete, marque verdadeira ou falsa", que remetem a decorar uma ideia retirada de um lugar e a transcrevê-la para outro, repetindo-a.

Sob esse prisma, vamos refletir o tema avaliação, situando-nos a partir do pensamento e dos conceitos de grupos de professores, colhidos durante jornadas pedagógicas e acrescidos de análises de questões de provas aplicadas na educação básica. Em seguida, apontaremos referenciais teóricos que nos ajudam a compreender melhor a temática; e, no final, novamente procuraremos trazer contribuições para os professores e para as instituições educacionais.

CONCEPÇÕES SOBRE AVALIAÇÃO A PARTIR DOS PROFISSIONAIS DA EDUCAÇÃO

Tendo como referencial a formação de pessoas empreendedoras, com espírito de pesquisa e competentes, os conteúdos empíricos problematizados e fundamentados teoricamente no final do processo e o desenvolvimento de exercícios mentais reflexivos, tais como analisar, argumentar, refletir e compreender, concebemos que o processo avaliativo precisa nos fornecer elementos para conhecer em que dimensões nossas metas foram atingidas e em que precisam ser revistas.

Ao analisar as ideias de professores sobre a avaliação, percebemos que as concepções são bastante vagas. Para uns, a avaliação é um processo de prospecção do desenvolvimento do trabalho pedagógico e da trajetória dos alunos/sujeitos desse processo. Ou seja, avaliar o desenvolvimento e a trajetória. Questionamos: a partir de que referenciais? Focado em que metas?

Para outros, a avaliação é a comparação de resultados dos alunos, com os objetivos propostos. Esclarecidos os objetivos e o seu sentido e desenvolvida a prática coerentemente, temos então aqui um bom referencial.

Ainda outros afirmam que a avaliação é importante no sentido de entender a sua vinculação com a prática educacional necessária para que saibamos como se está enquanto aluno e professor na relação com o conjunto das diretrizes institucionais e do curso. Mesmo de forma vaga, temos o foco nas diretrizes da instituição e do curso, sobre as quais fazemos a mesma reflexão em relação ao conceito anterior, pois a preocupação é com a coerência da prática.

Segue ainda a concepção de que avaliar é mensurar, num determinado contexto, o processo ensino-aprendizagem. Novamente fica a preocupação: mensurar como e focado em quê? Outros professores dizem que a avaliação é um processo de aferição organizado por critérios, desenvolvido para dar suporte aos atendimentos das demandas educativas implicadas. As demandas implicadas (as metas para definir os critérios que, segundo nossa constatação, estão focados em habilidades reflexivas) precisam estar claras para os professores.

Somamos às ideias anteriores a afirmação de que a avaliação é um método/processo para acompanhar o desenvolvimento e a apropriação do saber transmitido. Aqui encontramos, na fala, o saber transmitido, expressão muito questionada nos conceitos educacionais na atualidade. Podemos aceitar hoje que o saber, a partir de provocações e envolvimentos emocionais e afetivos, é construído pelo sujeito, mediado pelo professor, mas não transmitido.

Por fim, há professores que afirmam ser a avaliação a análise do processo de ensino-aprendizagem ou, ainda, um processo que visa a acompanhar e identificar os níveis de aprendizagem dos discentes e a efetividade do trabalho docente.

Dos professores investigados, apenas alguns, de forma direta ou indireta, percebem que a avaliação está focada em conhecer a dimensão do desenvolvimento das habilidades reflexivas.

Uns dizem ser processo contínuo que possibilita a verificação de habilidades e competências desenvolvidas pelo professor. Esse processo compreende exercícios mentais, provocação de crítica e reflexão, fundamentada em conteúdos teóricos e exercícios práticos. Os professores, tendo claro como organizar essa avaliação, coerente com o processo, então estarão a caminho para realizar o processo avaliativo focado em habilidades reflexivas à luz das metas, ou seja, competências. Na concepção acima, no entanto, cabe uma ressalva quando afirmam que as habilidades e competências são desenvolvidas pelo professor. Na verdade, e essa é nossa concepção, as habilidades e competências são desenvolvidas pelos alunos, provocadas e mediadas pelo professor, embora não possamos deixar de lembrar que o professor, ao mediar e provocar o processo, também está ele em formação.

Temos também os professores que trazem considerações de como procuram desenvolver, na prática, a avaliação, relatando como o processo será desenvolvido. Um dos relatos sugere que, a partir da orientação do professor para cada produção em grupo, os alunos são avaliados pelo nível de compreensão, reflexão, produção e soluções para as problemáticas analisadas. Complementa ainda que individualmente é feita avaliação escrita ou oral, a fim de detectar a aprendizagem, para a retomada de assuntos que não foram entendidos (diagnóstica), ressignificando o seu processo de mediação. Os termos como compreensão, reflexão, produção e soluções e mediação, são indicativos de que os professores têm clareza do processo.

Em boa parte das concepções, mas principalmente nas práticas, percebemos quão distante estamos da concretização das necessidades e dos ideais a serem alcançados e já amplamente discutidos aqui. Durante anos, acompanhamos professores em suas práticas. Conceituavam de forma bem razoável o perfil de estudante almejado nos projetos pedagógicos, elaboravam seus planos de estudo e planos de trabalho ou ensino. No cabeçalho dos instrumentos de avaliação, conseguiam, na sua grande maioria, definir as habilidades a serem avaliadas (argumentação, reflexão, compreensão, etc.), o que já é um grande avanço; no entanto, na hora de elaborar as questões, toda a fragilidade da cultura acumulada durante a formação ficava evidente.

Na implantação da avaliação focada em exercícios mentais reflexivos, objetivando deixar o processo o quanto mais transparente e coerente com o perfil almejado, propomos que, no cabeçalho dos instrumentos de avaliação, os professores definam as habilidades a serem avaliadas.

Vejamos alguns exemplos dessa dificuldade:

Exemplo 1:

Habilidades avaliadas: identificar, interpretar, comparar, relacionar, argumentar, analisar.

Questão da prova: o conhecimento das características do nosso planeta nos permite compreender fenômenos naturais que ocorrem hoje. *Escreva o nome* das camadas da Terra, *descrevendo* a característica dos materiais que formam cada uma das camadas.

Comentário da coerência, habilidades e questão: a questão da prova, embora inicie com a apresentação de um fato da realidade, na hora do questionamento, foca a repetição do conteúdo para caracterizar as camadas da terra e não o utiliza para compreender ou resolver um problema significativo no contexto do aluno, relacionado às camadas da terra.

Exemplo 2:

Habilidades avaliadas: reconhecer e identificar as conjunções e seus respectivos valores semânticos; distinguir o período composto por coordenação e subordinação; classificar as orações subordinadas; transformar as orações subordinadas desenvolvidas em reduzidas.

Questão da prova: *classifique* as orações destacadas em coordenadas ou subordinadas: a) Ele está passando por situações difíceis, porém não está desanimado. b) Ele tem que mudar de atitude.

Comentário da coerência, habilidades e questão: desde as habilidades definidas no cabeçalho da prova, já percebemos que não há problematização significativa planejada, pois reconhecer e identificar as conjunções, por exemplo, é apenas um exercício de decorar e repetir referenciais teóricos. O aluno irá repetir (a partir da conjunção decorada, ou da ideia da frase) as classificações. Lembremo-nos de que toda a descrição da estrutura da língua precisa nos ajudar na correta comunicação, e toda a estrutura tem sentido de ser se estiver imersa em um contexto problematizado e significativo. Aqui o professor teria a chance de apresentar comunicações com problemas, os quais o aluno iria solucionar utilizando, no caso, as orações coordenadas e subordinadas. Para fazer isso, é necessário conhecer a origem e o sentido de ser dessa estrutura da língua.

Exemplo 3:

Habilidades avaliadas: reconhecer os elementos da geometria analítica, perseverando na construção do conhecimento analítico, integrando a teoria e a prática, culminando com o fazer.

Questão da prova: os pontos A (-a; 0), B (0; b) e C (a, 0) são vértices de um triângulo retângulo com ângulo reto em B. Então:

a) a − b = 0; b) c − b = 0; c) a − b = 1;
d) a -/b/= 1; e) /a/ - /b/ = 0

Comentário da coerência, habilidades e questão: nas habilidades e na questão da prova, prevalece o exercício da análise de questões teóricas (teoria pela teoria, ou seja, a fórmula pela fórmula). Como vemos, não há a preocupação em dar significado a esse conteúdo em situações reais e significativas e, muito menos, provocar no aluno o desejo de buscar apoio no conteúdo para compreender ou resolver problemas contextuais. Além disso, não há coerência entre a questão e as habilidades propostas. Fica claro que o professor não desenvolveu a ressignificação e continua a passar e cobrar fórmulas.

Exemplo 4:

Habilidades avaliadas: compreender as teorias da origem da vida, caracterizar as proteínas, identificar as funções das proteínas e o número de ligações peptídicas, contextualizar a desnaturação proteica, diferenciar os aminoácidos, representar uma ligação peptídica.

Questão da prova: *cite* duas funções básicas desempenhadas pelas proteínas. *Quantas* ligações peptídicas são encontradas num polipeptídeo que possui 109 aminoácidos?

Comentário da coerência, habilidades e questão: tanto as habilidades como as questões estão com o foco voltado para a teoria, em que o aluno tem a função de repetir a teoria (conteúdo) para responder às questões propostas. Além da incoerência com as habilidades, percebemos que as palavras "cite" e "quantas" apenas levam o estudante a repetir informações colhidas em um outro lugar.

Ficamos com esses quatro exemplos. Temos mais de 100 analisados a partir de diversos contextos e níveis de ensino. Em todos eles fica claro: não adianta mudar os conceitos e os discursos; embora isso seja fundamental, é preciso exercitar a mudança no processo da prática. É nesse momento que transparece toda a cultura herdada em nossa formação. Portanto, tanto os conceitos expressos pelos professores do ensino superior como as questões analisadas acima nos situam frente à complexidade que é a caminhada de mudança e quão distantes ainda estamos em concretizar nossos ideais.

Para ajudar no embasamento das nossas intenções, vamos novamente refletir alguns referenciais teóricos.

A AVALIAÇÃO: CONCEPÇÕES TEÓRICAS

Que a avaliação precisa ser coerente com os referenciais e as práticas pedagógicas desenvolvidas já é aceito por todos nós. Como focamos a prática pedagógica no desenvolvimento de habilidades e na formação de pessoas competentes, com todas as reflexões que isso insere, compreende-se que o processo avaliativo também precisa estar harmonizado. Iniciamos nossos referenciais com algumas concepções e conceitos mais genéricos sobre avaliação.

Hadji (2001, p. 30) questiona e reflete sobre o que é avaliar e sugere que é pronunciar-se, isto é, tomar partido sobre a maneira como as expectativas são realizadas. Portanto, já percebemos que o foco está nas expectativas (metas) que queremos atingir e como vamos concretizar o processo para chegar às metas. Mais adiante, Hadji ainda afirma que a avaliação, em um contexto de ensino, tem o objetivo legítimo de contribuir para o êxito do ensino, isto é, para a construção desses saberes e competências pelos alunos. Ou seja, se na avaliação, coerente com o processo, percebemos e temos dados para avaliar o grau em que nossas metas foram atingidas, então a avaliação contribuiu e atingiu seus objetivos.

Seguindo, resgatamos em Moretto (2001, p. 18) reflexões sobre as habilidades que contribuem no processo todo e na avaliação em especial. Esse autor chama atenção que a escola deve desenvolver a capacidade de pensar e as habilidades de observar, relacionar, estruturar, analisar, argumentar, justificar, sintetizar, correlacionar, inferir, entre outras habilidades, então prepara o cidadão desenvolvendo suas competências. Formar o cidadão e desenvolver sujeitos competentes e empreendedores são metas aqui perseguidas. Neste referencial já temos claro o indicativo de que as questões, independentemente do tipo de instrumento de avaliação, precisam trazer como voz de comando os termos acima (argumente, analise, justifique), que identificam as habilidades reflexivas. Para complementar as reflexões de Moretto, acrescentamos a contribuição de Perrenoud (1999), quando afirma que a pretensão é que os alunos, mesmo no contexto de uma prova, possam aprender e ser desafiados por intermédio de questões cujas respostas requeiram análise, compreensão e tomadas de decisão. Enfim, questões que sejam bem formuladas e instigantes. Apoiados nessa afirmação de Perrenoud, podemos concluir que as questões anteriormente analisadas ainda estão longe de concretizar uma avaliação focada em exercícios mentais reflexivos.

Outros autores complementam os referenciais. Tyler, citado por Rosado e Silva (2011), considerado o pai da avaliação educacional, define-a como a comparação constante entre os resultados dos alunos, ou o seu desempenho e objetivos, previamente definidos. A avaliação é assim, o processo de determinação da extensão com que os objetivos educacionais se realizam. Outros autores citados no mesmo artigo de Rosado e Silva (2011), como Bloom, Hastings e Madaus, também a relacionam com a verificação de objetivos educacionais. Noizet, Caverni e Cardinet, também aqui citados, referem-se a ela como um processo de verificação de objetivos. Também Ketele, no mesmo referencial, afirma ser o processo de verificação de objetivos previamente definidos. Segundo esse último autor, é no próprio processo de ensino-aprendizagem que surge a avaliação, funcionando como um mecanismo que verifica se os objetivos pretendidos são efetivamente atingidos. Esses autores, além de corroborarem os fundamentos discutidos até o momento, sugerem que o processo avaliativo precisa fornecer dados para conhecer as dimensões em que as metas projetadas foram ou não atingidas.

Nesse meio, também é preciso abordar a questão da maneira como é expresso o resultado da avaliação. Nas práticas chamadas behavioristas, em que tínhamos a repetição das informações tal e qual haviam sido passadas, os sinais certo e errado, ou meio certo e errado, davam conta dessa expressão. No momento da transição de um paradigma educacional para outro, procurou-se também mudar a forma de expressão dos resultados. No entanto, pela dificuldade de mudança cultural, também a expressão dos resultados virou, na grande maioria dos casos, um engodo. Ou seja, propôs-se mudar de nota para conceito ou outros indicadores, mas, como a prática pouco mudou, o que na verdade aconteceu foi expressar o conceito dentro de uma forma aproximada. Senão vejamos, algumas instituições começaram a atribuir conceitos A, B, C e D. O professor continuou com a mesma prática e, na hora de avaliar, mais de 75% das questões erradas, o aluno recebia conceito D, entre 75 e 50%, C, entre 25 e 50%, B e até 25% das questões erradas recebia A. Não mudou a prática e a produção de aprendizagens, apenas aumentou ainda mais o trabalho dos professores, que, pelo número de acertos, atribuíam o conceito.

Nas propostas aqui discutidas, e caso a prática seja coerente, não podemos mais atribuir notas fechadas, pois trabalhamos com processos, os quais poderíamos denominar mais humanos, abertos e em movimento. Por exemplo, ao apresentar um problema ou uma curiosidade aos alunos, solicitando que, embasados no conteúdo teórico, analisem, argumentem, demonstrem compreensão, é preciso ter indicadores para orientar o estudante sobre o nível de argumento e compreensão em que ele se encontra e onde estão as dificuldades que precisam ser superadas. Nesse momento, mesmo ao atribuir um conceito "A", ou "Apto", ou "Suficiente", é preciso ampliar as informações com comentários e anotações. Nesse sentido, Antunes (1998, p. 110) contribui afirmando que bem mais válido parece ser um sistema de avaliação que use como polo de referência o desempenho "ótimo" do aluno e, assim, seja ele percebido em relação aos progressos que apresenta, e não aos resultados que alcança. Dessa maneira, diz o autor, boletins que fixam resultados estáticos necessitam ser substituídos por relatórios, gráficos de frequência, depoimentos e outros elementos das conquistas dos alunos. Conclui também que os melhores resultados obtidos nesse campo indicam claramente que devem esses boletins ser substituídos por "portfólios" pessoais, verdadeiras pastas individuais que contenham ampla e diversificada relação de "produções" do aluno, enfatizando bem mais sua evolução no domínio de habilidades e na capacidade de fazer delas "ferramentas" para a solução de problemas do que a eventual desnecessária retenção de informações.

Aqui, junto aos docentes, uma questão sempre aparece: como vou realizar essa avaliação se tenho 40, 50 alunos na sala e 60 horas semanais, por exemplo?

Como já sugerimos em nossos livros anteriores, na presente proposta, em primeiro lugar, não estamos falando em quantidade de questões desenvolvidas, mas na qualidade das questões. Uma ou duas questões problematizadas e que exijam reflexão, argumentação teórica e compreensão dos alunos, com certeza, valem muito mais do que 10 ou 20 questões de repetição e de decoreba. Quanto a outras anotações, os professores podem acompanhar, semanalmente, certo número de estudantes e, ao final de um período, trimestre ou semestre, teremos dados bastantes para sermos mais coerentes entre o que nos propomos e efetivamente realizamos.

Portanto, não está mais em discussão que o processo de avaliação é contínuo, pois isso já está aceito por todos nós. A partir dos autores citados acima, fica claro que o ponto de apoio do processo avaliativo está no perfil de estudante que se busca formar, o qual

- também está relacionado com as competências;
- está focado nos exercícios mentais (habilidades);
- é provocado pelos problemas e as curiosidades do contexto;
- está fundamentado nos conteúdos teóricos; e
- é desenvolvido por caminho metodológico coerente com a proposta.

Assim, pensamos ter dados suficientes para, nesse momento, ter elucidado parte dos problemas levantados no contexto e apresentar algumas proposições que ajudem os professores e as instituições nos processos avaliativos.

AVALIAÇÃO PROBLEMATIZADA FOCADA NAS HABILIDADES: REFLEXÕES E CONTRIBUIÇÕES PARA A EDUCAÇÃO

Aceitando que todos os passos até aqui sugeridos (classificação dos conteúdos, ressignificação, problematização e metodologia) tenham sido pelo menos razoavelmente desenvolvidos, podemos indicar alguns caminhos para as instituições e os professores exercitarem o idealizado na prática. Eis nossas sugestões:

1. Primeiramente, a instituição ou o curso precisam ter:
a) Projeto pedagógico em que estejam claros os conceitos idealizados o perfil almejado e como desenvolvê-lo;
b) no caso das instituições de educação básica, os planos de estudo[1] precisam apontar os conteúdos teóricos, já com a ressignificação e também com o indicativo das habilidades que serão desenvolvidas em cada conteúdo; e
c) no ensino superior, os planos de ensino e, na educação básica, os planos de trabalho precisam apontar referenciais de problemas ou curiosidades que serão trabalhados, indicar a metodologia que define como as habilidades serão desenvolvidas e o processo avaliativo que apontará como as habilidades desenvolvidas serão avaliadas.

2. Após ter o planejamento bem estruturado e esclarecido entre os profissionais (coordenadores, professores, etc.) que irão exercitar e acompanhar a prática, a instituição, em seu regimento, precisa também ter definido como será a expressão dos resultados das avaliações produzidas durante e no final do processo. Lembramos que os ideais educacionais aqui defendidos não comportam a expressão dos resultados em notas fechadas, com respostas do tipo certo e errado.

3. Definido o modo como os resultados serão expressos, é importante, seja de forma individual ou coletiva, analisar e estruturar os instrumentos de avaliação que serão adotados para obter dados, quanto

mais amplos e fidedignos, do desempenho dos estudantes em relação às habilidades e aos perfis almejados.

4. Com esses aspectos esclarecidos, é preciso exercitar a prática avaliativa coerente com o processo desenvolvido. Para tanto, sugerimos:

    a) Elaborar e adotar um cabeçalho para os instrumentos de avaliação em que os professores possam informar as habilidades a serem avaliadas e outras informações que acharem pertinentes. O referencial de cabeçalho pode ser utilizado para os mais diversos instrumentos de avaliação (provas, trabalhos, relatórios, seminários, etc.). Dessa forma, deixamos o processo transparente e coerente com as metas institucionais. Segue um referencial:

Dados do aluno
Conteúdo a ser avaliado: Ecossistema
Habilidades a serem avaliadas
a) **Identificar** as principais causas da poluição. b) **Comparar e analisar** os focos dos problemas, à luz dos referenciais teóricos. c) **Apresentar propostas** teoricamente fundamentadas e argumentadas para a solução do problema.
Outros critérios
Em cada comparação, análise e argumento, deve ser citado, no mínimo, um autor com indicação de, pelo menos, uma citação por autor.
Critérios para obtenção dos conceitos
APTO: O aluno será considerado apto se desenvolver as habilidades de análise, comparação e argumentação solicitadas acima, dentro dos critérios estabelecidos. NÃO APTO: Se o aluno desenvolver apenas uma das seguintes habilidades: comparação, análise ou argumentação. Obs: Poderá ainda ser considerado APTO o aluno que tenha desenvolvido duas das três habilidades – comparação, análise e argumentação, e que tenha desenvolvido bem a habilidade de identificação.

Fonte: O autor.

No cabeçalho da prova, ou em explicações paralelas, o professor deixa claro aos alunos o que significa a habilidade (p. ex., argumentar, analisar) que está sendo solicitada. Essa é outra limitação que encontramos, pois, muitas vezes, o professor, apesar de colocar os verbos de comando dos exercícios mentais, nem ele, e muito menos os alunos, têm clareza dos conceitos que estão ali representados. Sem isso, os resultados ficam comprometidos, inclusive a análise posterior.

b) Exercitado o cabeçalho dos instrumentos de avaliação e esclarecido o conceito das habilidades avaliadas, chega o momento de elaborar questões pertinentes ao processo. Esse exercício é de suma importância para os professores e pode ser desenvolvido individualmente, mas é muito importante que seja socializado e discutido no coletivo do grupo.

Para contribuir nessa atividade, é possível apontar, como referência, a estrutura das questões, dentro da coerência com a prática desenvolvida:

I – o estudante recebe um ou mais problemas/curiosidades do contexto;

II – são indicados os referenciais teóricos nos quais o estudante irá apoiar-se para as análises e formar o quadro de fundamentos para a argumentação; e

III – é solicitado que, fundamentado nos aportes e nos autores estudados, o aluno apresente suas conclusões argumentadas com a compreensão e/ou solução do(s) problema(s).

Na estrutura do questionamento, cabe ainda dizer que a questão problematizada precisa deixar claro quantos ou quais fundamentos teóricos (autores, citações, leis, fórmulas) se espera que o estudante aborde para explicar, argumentar e solucionar o problema. Quanto mais objetivas estiverem as orientações, melhor será a compreensão e orientação dos alunos e a posterior análise e atribuição de resultados para o professor.

c) Tendo comentado a estrutura das questões, como referido, é importante que os professores, de forma individual e coletiva, exercitem a sua elaboração. Não como modelo, mas como referência, trazemos, a seguir, alguns exemplos que seguem os presentes referenciais.

I – Na coleta de dados realizada sobre o ecossistema da bacia do Rio dos Sinos, detectou-se o grave problema da poluição da água, da precária condição de sobrevivência da fauna e da flora. **Identifique** as cinco maiores causas dessa situação, tendo como referencial os dados apontados nas aulas.
Habilidade avaliada: identificar.

II – **Compare** (no mínimo duas comparações) e **analise** os focos dos problemas, à luz dos referenciais teóricos desenvolvidos durante as aulas
Habilidades avaliadas: comparar e analisar.

III – A partir dos estudos e das análises, escreva uma carta ao secretário municipal do meio ambiente, apresentando a sua proposta, **argumentada** teoricamente, para a **solução** de um dos problemas focados.
Habilidades avaliadas: argumentar e solucionar.

IV – São apresentadas as figuras de dois pulmões: um saudável, à esquerda, e o pulmão de um fumante, à direita. Questão: Considere a informação: o pulmão da esquerda é um pulmão saudável. O pulmão da direita é o de um fumante. A partir de conceitos estudados em aula e apoiados em fundamentos teóricos do material didático, aponte duas diferenças desses pulmões e argumente a causa dessa diferença, trazendo, no mínimo, dois referenciais teóricos.
Habilidades avaliadas: apontar diferenças e argumentar.[2]

V – Atualmente, muitas mulheres sonham em ser mães, mas, por problemas diversos, não conseguem realizar esse sonho. Como nós, profissionais das técnicas radiológicas, podemos ajudar essas mulheres? **Disserte, de forma argumentativa**, sobre esse assunto baseado em, no mínimo, dois fundamentos desenvolvidos durante as aulas.
Habilidade Avaliada: argumentar.[3]

São alguns exemplos elaborados por professores ou por acadêmicos durante as aulas de didática. Percebe-se que todos apresentam uma problematização inicial e remetem o estudante, embasado em referenciais teóricos, a exercitar a mente com habilidades reflexivas. Embora restem críticas, pensamos que o processo avaliativo, com base na estrutura apresentada, presume-se bastante coerente com os embasamentos teóricos, os princípios e os ideais aqui defendidos. Sempre é importante lembrar que essa é apenas uma das formas, e cada instituição ou professor precisa criar a sua. No entanto, o que não se pode aceitar é que as avaliações continuem sendo realizadas por achismos de muitos profissionais da educação ou porque sempre foi assim ou porque se desconhece o projeto institucional ou, ainda, porque nunca pararam para refletir as implicações entre os ideais alardeados e a prática desenvolvida. Portanto, o que está em discussão aqui é a coerência entre a proposição do projeto pedagógico (em especial o perfil almejado), a prática pedagógica desenvolvida e o processo avaliativo.

Dito isso, podemos seguir para as considerações finais.

NOTAS

1 Em nosso livro *Gestão de ensino e práticas pedagógicas*. 6. ed. Petrópolis: Vozes, 2010a, temos uma referência de plano de estudo e plano de trabalho que pode dar suporte à elaboração desses planos.
2 A questão IV foi elaborada por acadêmicas na disciplina de didática em 2011/1.
3 A questão V foi elaborada por um grupo de professores de curso técnico.

Considerações finais

Chegamos ao final de mais uma produção que provocou em nós muitas angústias e reflexões. São anos buscando respostas para inquietações pessoais e profissionais, uma vez que não conseguimos separar as duas. No meio educacional, no qual passamos praticamente os três turnos do dia, as reflexões aqui suscitadas estão bem vivas; ouvimos colegas e estudantes, em sua grande maioria dos cursos de licenciatura e futuros professores. Em muitos, mesmo antes de ingressar definitivamente na profissão docente, já vemos o seu olhar ansioso e, muitas vezes, um tanto descrente; noutros percebemos indignação com a situação educacional que vivemos. Também ouvimos muitas pessoas, entre elas pais e empresários, criticarem as escolas e os professores. Os investidores políticos, em especial no período das eleições, chegam até nós com suas soluções, caso forem eleitos. Escutamos especialistas nos meios de comunicação em debates acalorados. Participamos de eventos em que se discutem as questões educacionais.

No entanto, praticamente não se percebe, em todo esse movimento, discussões focadas em práticas pedagógicas que permitam conhecer por que os docentes têm tanta dificuldade em tornar os processos significativos e envolventes, afetiva e emocionalmente. Muito menos apontarem *como* podemos organizar as práticas para que nossos ideais se concretizem. Ouve-se muito falar que o problema da educação é o salário dos professores, que faltam verbas e estruturas nas instituições educacionais, que há indisciplina pedagógica, que o problema está no material didático e que os anos iniciais não são contemplados com professores experientes, entre tantas outras coisas.

Nós não discordamos dessas afirmações, embora saibamos que os principais problemas não estão, necessariamente, nessas dimensões. Pelo contrário, andamos muito pelo Brasil e vemos professores ganhando pouco, mas desenvolvendo práticas inovadoras e sedentos por buscar novos conhecimentos, vendo os olhos dos seus alunos brilharem. É claro que ganham pouco, mas isso não é o maior ou o único motivo do fracasso educacional. Também pudemos presenciar que, em escolas com infraestrutura bem limitada, muitos professores desenvolviam práticas significativas e motivadoras, enquanto, em instituições com boa infraestrutura, encontramos práticas que não condiziam com os recursos disponíveis. A boa estrutura ajuda, mas certamente não é o único fator e, também, não o principal.

Também assistimos a muitos teóricos da educação tecerem reflexões sobre como o ser humano aprende, como se motiva; outros afirmam que os conhecimentos escolares precisam ter sentido e serem úteis para a vida; outros, ainda, pontuam conceitos educacionais sobre como deve ser a didática, a metodologia e a avaliação. Há ainda os que apontam, em seus trabalhos de final de curso de graduação ou pós-graduação, inúmeros problemas do contexto educacional, citando nas soluções inúmeros autores que explicam os possíveis problemas. Mas, ao ler suas teses, parece que nunca pisaram em uma sala de aula. A grande maioria fica discutindo a teoria pela teoria. Não somos contra as discussões teóricas, muito pelo contrário, mas ficar na discussão teórica, sem conseguir implementá-la na prática, pouca contribuição trará.

Não podemos conformar-nos com explicações evasivas e discursos vazios, aos quais falta a discussão central da questão, ou seja, tomar nas mãos os processos educacionais e tentar respostas reais que possam ajudar os professores idealistas, que infelizmente são sempre menos, a fazer do seu projeto de vida um sentido de ser. Esse sentido está em ver os olhos dos nossos alunos brilhando ao estarem produzindo conhecimento útil e significativo em sua vida. Somos testemunhas dessa luta e dessa busca, pois pessoalmente a trilhamos de forma intensa e persistente. Para nós, não foi fácil adentrar na discussão dos conteúdos teóricos e empíricos. Também não foi fácil aventurar-nos na busca de caminhos que dessem conta de históricas perguntas, como: "Professor, por que estou aprendendo isso?", "Onde vou usar isso?". Igualmente não foi fácil, no momento em que, pessoalmente ou no exercício com outros colegas, tentamos problematizar e provocar o desejo dos alunos e descobrimos que não conseguíamos problematizar ou porque desconhecíamos o sentido de ser do problema em relação ao conteúdo; ou nos damos conta de que não tínhamos claro o que era um problema pedagógico ou, ainda, não tínhamos claro o que era conteúdo e, muito menos, como ressignificá-lo, tendo que desistir, várias vezes, do caminhar em frente e retornar para o resgate de aspectos que precisavam ser revistos. Não foi fácil, e continua não sendo, continuar a ver os professores escreverem propostas metodológicas e avaliativas e, na hora da prática, apenas repetirem o que historicamente foi introspectado em suas mentes durante a sua formação. Também não foi fácil deparar-nos com conceitos como habilidade, competência, perfis de estudantes almejados, como formar empreendedores, críticos, com espírito de pesquisa, e vermos, por um lado, o desconhecimento e a limitação conceitual desses termos e, muito menos, vermos que os professores pudessem dizer como ministram suas aulas para levar os estudantes ao exercício desses ideais.

Como profissionais da educação, estamos indignados com todo esse cenário. Somado a tudo isso, várias vezes, fomos convidados a orientar projetos de formação de professores que almejavam exercitar os ideais na prática, publicar livros, etc.; mas que, por falta de planejamento, organização e indisciplina dos solicitantes, os projetos ficavam pelo caminho e caíam no descrédito dos professores que por eles esperavam.

Temos a certeza de que, junto conosco, há muitos indignados. Indignados por fazer parte de uma geração que, por motivos sociais, econômicos, políticos e culturais, tenha sido usada como atores que encenam teatros escritos ideologicamente por outros. Infelizmente, vemos muitos professores que se esconderam atrás dessas cortinas. Lutamos para que não sejamos engolidos por esse sistema. Lutamos em defender nossos ideais. Igualmente, lutamos para disciplinar os processos e oferecer subsídios e condições para aqueles que acreditam serem os espaços educacionais lugares onde as pessoas possam realizar seus sonhos, encontrar respostas para suas curiosidades, compreender os porquês da vida.

Respeitamos todas as iniciativas que, de forma sincera, buscam respostas às soluções dos problemas educacionais. No entanto, não necessitamos mais de pesquisa ou de estudos apenas teóricos para engordar as prateleiras e de projetos guardados em gavetas. As pesquisas educacionais, os grupos de estudo, enfim, precisam apontar possíveis caminhos de solução, que tenham emergido das práticas e possam ajudar os educadores. Os professores que formam professores necessitam tornar vivos seus discursos nos exercícios metodológicos de suas práticas. Os professores habilitados para estar no exercício da prática pedagógica precisam exercitar-se na formação continuada, em processo de reflexão constante entre o idealizado nos projetos educacionais, construídos coletivamente pelos próprios professores e coordenadores, e a efetiva prática.

O que refletimos nesse momento é de longe, o ideal. No entanto, é a tentativa de alguém que nunca esmoreceu e nunca desistiu de aprofundar-se na busca de respostas para questões que não vimos, ou vimos pouco, abordadas em nosso meio. O caminho trilhado não foi fácil, mas valeu a pena. Valeu a pena por causa da resistência de muitos, em especial, os que estão mais próximos de nós. Neles e com eles pudemos refletir a realidade. Esses, os resistentes,[1] nos ensinaram a ter paciência. Com os persistentes, que denominamos potenciais, aprendemos a trilhar novos caminhos, a melhorar os processos. Eles muito contribuíram para a qualificação dessa caminhada, e muitos se somaram a ela. Os outros, abstemo-nos em comentar, pois estão esperando a aposentadoria há muito tempo.

Sabemos que as reflexões aqui abordadas, a cada dia, recebem novas contribuições. Ainda bem que é esse o caminho dos indignados, ou, para trazermos um termo pedagógico, o caminho daqueles que cultivaram em sua vida o espírito perquiritório, com a certeza de nunca encontrar respostas finais. Talvez tenhamos sido muito repetitivos em alguns aspectos durante nossa abordagem: competência, empreendedorismo, habilidades reflexivas ou superiores, conteúdos empíricos e teóricos, ressignificação, problematização, metodologia e avaliação problematizadora, etc. No entanto, tínhamos por objetivo demonstrar que propostas educacionais estão, por natureza, sistemicamente interligadas. Compreendem uma rede em que tudo está conectado. Por isso, insistíamos que, sem o cumprimento satisfatório de uma etapa, as outras ficariam comprometidas.

Somado a tudo isso, externamos também, no final dessas reflexões, a nossa preocupação com a limitada capacidade de compreensão encontrada em relação a termos que são usados cotidianamente no meio educacional. Como referido, além do desconhecimento dos ideais externados nos projetos, em especial o perfil de egresso almejado, é difícil encontrar professores que consigam verbalizar conceitos embasados em teóricos, sobre termos fundamentais para que a prática pedagógica possa fluir com coerência entre o proposto e o praticado. Referimo-nos, aqui, a termos como competência, habilidade, empreendedorismo, crítico, conteúdo, ressignificação, problematização, metodologia e avaliação. Urge, nos meios educacionais, buscar o sentido de ser das palavras, em especial das palavras que são chaves e que orientam o nosso fazer pedagógico. Temos como hipótese que essa dificuldade também se deve ao modelo educacional que nos formou. Poucas vezes fomos confrontados em conceituar termos, fundamentados teoricamente. Aliás, é importante refletir: quantos de nós sabem dizer por que pensamos do jeito que pensamos? Muitos dão sua opinião, calcados em seus achismos; outros, para conceituar um termo, repetem o mesmo termo. No entanto, entrar em um debate e argumentar com fundamentos, infelizmente, não são muitos que o conseguem.

Podemos continuar escrevendo linhas e mais linhas de reflexões. Mas resolvemos parar aqui. Quando produzimos algo, com paixão, temos um grande desejo: que as pessoas, as quais chegam a essas reflexões, possam sentir-se provocadas, afetadas, motivadas e aproveitem o melhor do que foi produzido em suas vidas. Talvez na formação e no compartilhamento dessa teia de ideais possamos deixar nossa contribuição a esta e às futuras gerações.

Sintam-se indignados como eu, prontos para transformar-nos e transformar. Assim terá valido a pena viver!

NOTA

1 Nessa nota explicativa, esclarecemos ter encontrado dois tipos de resistentes: os que víamos potencialidades e os que são resistentes para que não precisem empreender novos esforços e terem que sair de suas posições de comodismo. Os primeiros, quando assumem propostas, tornam-se persistentes e parceiros na construção. Para o segundo grupo, até hoje não encontramos uma definição clara e encaminhamento confiável.

Referências

ALVES, R.; DIMENSTEIN, G. *Fomos maus alunos*. 2. ed. Campinas: Papirus, 2003.
ANTUNES, C. *As inteligências múltiplas e seus estímulos*. Campinas: Papirus, 1998.
ARANTES, V. A. (Org.). *Afetividade na escola*: alternativas teóricas e práticas. São Paulo: Summus, 2003.
ASENSIO, J. M. et al. (Coord.). *La vida emocional*: las emociones y la formación de la idendidad humana. Barcelona: Ariel, 2006.
BERBEL, N. A. N. (Org.). *Metodologia da problematização*: experiências com questões de ensino superior. Londrina: EDUEL, 1998.
BERTRAND, Y. *Teorias contemporâneas da educaç ão*. 2. ed. Lisboa: Instituto Piaget, 2001.
BICUDO, M. A.V.; MARTINS, J. *A pesquisa qualitativa em psicologia:* fundamentos e recursos básicos. São Paulo: Moraes; EDUC, 1989.
BORDENAVE, J. D.; PEREIRA, A. M. *Estratégias de ensino e aprendizagem*. 22. ed. Petrópolis: Vozes, 2001.
BORDONI, T. *Saber e fazer*: competências e habilidades. [S.l.: s.n., 2011]. Disponível em: <http://www.pedagobrasil.com.br/pedagogia/saberefazer.htm>. Acesso em: 25 fev. 2013.
BRENELLI, R.; DELL'AGLI, B. A afetividade no jogo de regras. In: MARTINELLI, S.; SISTO, F. *Afetividade e dificuldades de aprendiz*. São Paulo: Vetor, 2006.
BRUNER. J. *Realidades mentais, mundos possíveis*. Porto Alegre: Artmed, 1998.
CAMPOS, C. M.; HENGEMÜHLE, A.; MENDES, D. L. L. L. (Org.). *Da teoria à sala de aula*: a escola dos sonhos é possível. Fortaleza: UFC, 2010.
CARREÑO, A. B.; SANTOS, B. S. (Org.). *A motivação em diferentes cenários*. Porto Alegre: EDIPUCRS, 2010.
CHADWICK, C.; OLIVEIRA, J. B. A. *Aprender e ensinar*. São Paulo: Global, 2001.
COLOM, A. J. *A (des)construção do conhecimento pedagógico*: novas perspectivas para a educação. Porto Alegre: Artmed, 2004.
CORTELLA, M. S. *Qual é a tua obra?* inquietações propositivas sobre gestão, liderança e ética. 3. ed. Petrópolis: Vozes, 2008.
CURY, A. *Pais brilhantes, professores fascinantes*. Rio de Janeiro: Sextante, 2003.
DAMÁSIO, A. R. *O erro de Descartes*: emoção, razão e cérebro humano. São Paulo: Companhia da Letras, 2001.

DELORS, J. et al. *Educação um tesouro a descobrir.* Porto: Asa, 1998.
DOLABELA, F. *Pedagogia empreendedora.* São Paulo: Cultura, 2003.
ECCLES, J. C.; POPPER, K. R. *O eu e seu cérebro.* 2. ed. Campinas: Papirus; Brasília: UNB, 1995.
FONTES, C. *Navegando na filosofia.* [Portugal: s.n.], 2011. Disponível em: <http://afilosofia.no.sapo.pt/ index.html>. Acesso em: 16 nov. 2011.
FOSSA, J.; MENDES, I. A.; VALDÉS, J. E. N. *A história como um agente de cognição na educação matemática.* Porto Alegre: Sulina, 2006.
FOUCAULT, M. *A hermenêutica do sujeito.* São Paulo: Martins Fontes, 2004.
FRANÇA, R. O Brasil é ausente. *Veja,* ed. 1809, ano 36, n. 26, p. 11-15, jul. 2003. Entrevista com Alain Belda. Disponível em: <http://veja.abril.com.br/acervodigital/home.aspx>. Acesso em: 01 mar. 2013.
FREIRE, P. *Pedagogia da autonomia.* São Paulo: Paz e Terra, 1997.
GASPARIN, J. L. *Uma didática para a pedagogia histórico-crítica.* 3. ed. Campinas: Autores Associados, 2005.
GIESECKE, H. *Einführung in die pädagogik.* 4. ed. Weinheim: Juventa, 1997.
GOLEMAN, D. *Inteligência emocional.* 8. ed. Rio de Janeiro: Objetiva, 1995.
GONZÁLEZ REY, F. L. *Sujeito e subjetividade*: uma aproximação histórico-cultural. São Paulo: Pioneira Thomson Learning, 2003.
GRAMSCI, A. *Il materialismo storico e la filosofia di Benedetto Croce.* Roma: Riuniti, 1977.
HADJI, C. *Avaliação desmistificada.* Porto Alegre: Artmed, 2001.
HENGEMÜHLE, A. (Org.). *Capacitar para o empreendedorismo*: uma proposta teórico-prática para as instituições de ensino superior. Uberaba: CNEC, 2010b.
HENGEMÜHLE, A. (Org.). *Significar a educação*: da teoria à sala de aula. Porto Alegre: EDIPUCRS, 2008b.
HENGEMÜHLE, A. *Formação de professores*: da função de ensinar ao resgate da educação. 2. ed. Petrópolis: Vozes, 2008a.
HENGEMÜHLE, A. *Gestão de ensino e práticas pedagógicas.* 6. ed. Petrópolis: Vozes, 2010a.
KUPFER, M. C. *Freud e a educação*: o mestre do impossível. São Paulo: Scipione, 1995.
MAGUEREZ, C. *Elementos para uma pedagogia de massa na assistência técnica agrícola:* relatório. Campinas: Coordenadoria de Assistência Técnica Integral da Secretaria da Agricultora do Estado de São Paulo, 1970.
MARQUES, M. O. *Conhecimento e modernidade em construção.* Ijuí: Unijuí, 1993.
MCCLELLAND, D. *The achieving society.* Princeton: Van Nostrand, 1961.
MEIRIEU, P. *Aprender... sim, mas como?* 7. ed. Porto Alegre: Artmed, 1998.
MELLO, G. N. Afinal, o que é competência? *Nova Escola,* São Paulo, n. 160, mar. 2003.
MOREIRA, M. A.; OSTERMANN, F. *Teorias construtivistas.* Porto Alegre: UFRGS, 2005. (Texto de apoio ao professor de física.).
MORETTO, V. P. *Prova*: um momento privilegiado de estudo, não um acerto de contas. Rio de Janeiro: DP&A, 2001.
MORIN, E. *A cabeça bem feita*: repensar a reforma, reformar o pensamento. 2. ed. Rio de Janeiro: Bertrand Brasil, 2000b.
MORIN, E. *Ciência com consciência.* Portugal: Europa-América, 1990.
MORIN, E. *Os sete saberes necessários à educação do futuro.* 2. ed. São Paulo: Cortez; Brasília: UNESCO, 2000a.
MOSQUERA, J. J. M. *As ilusões e os problemas da vida.* Porto Alegre: Sulina, 1979.
OLIVA, A. (Org.). *Epistemologia*: a cientificidade em questão. Campinas: Papirus, 1990.
PERRENOUD, P. *Construir as competências desde a escola.* Porto Alegre: Artmed, 1999.
PETERSON, C.; SELIGMAN, M. E. P. *Character strengths and virtues:* a handbook and classification. New York: American Psychological Association; Washington: Oxford University, 2004.
PIAGET, J. *Seis estudos de psicologia.* 24. ed. Rio de Janeiro: Forense Universitária, 2001.
PORTUGAL. Ministério da Educação. Departamento da Educação Básica. *Currículo nacional do ensino básico competências essenciais.* Lisboa: DEB, 2001.

ROSA, S. S. *Construtivismo e mudança*. 2. ed. São Paulo: Cortez, 1994.
ROSADO, A.; SILVA, C. *Conceitos Básicos sobre avaliação das aprendizagens*. [S.l.: s.n.], 2011. Disponível em: <http://home.fmh.utl.pt/~arosado/ESTAGIO/conceitos.htm>. Acesso em: 16 nov. 2011.
RUDEL, D. *Dicionário de psicologia prática*. [S.l.: s.n.], 2007. Disponível em: <http://paginas.terra.com.br/arte/rudeldouglas/Dicionario.htm>. Acesso em: 16 nov. 2011.
SALTINI, C. J. P. *Afetividade e inteligência*: a emoção na educação. Rio de Janeiro: DP&A, 1997.
SAMPAIO, D. M. *A pedagogia do ser*: educação dos sentimentos e dos valores humanos. 4. ed. Petrópolis: Vozes, 2007.
SAVIANI, D. *Educação*: do senso comum à consciência filosófica. 17. ed. Campinas: Autores Associados, 2007.
SMOLE, K. C. S. S. *Aprendizagem significativa*: o lugar do conhecimento e da inteligência. Brasília: PIE, 2011. Disponível em: <http://www.fe.unb.br/pie/zAPRENDIZAGEM%20SIGNIFICATIVA.htm>. Acesso em: 16 nov. 2011.
THUMS, J. *Educação dos sentimentos*. Porto Alegre: Sulina; Ulbra, 1999.
TORO, J. M. *As duas faces inseparáveis da educação*: coração e razão. São Paulo: Paulinas, 2007.
VON ZUBEN, N. A. *A relevância da iniciação à pesquisa científica na universidade*. Campinas: Unicamp, 1994.
VYGOTSKY, L. S. *Obras escogidas*. Madrid: Visor, 1993. v. 2.
WILKE, K. *Anfängershwimmen*. Reinbek bei Hamburg: Rowohlt Taschenbuch, 1990.
ZATTI, V. *Autonomia e educação em Immanuel Kant e Paulo Freire*. Porto Alegre: EDIPUCRS, 2007.

Leituras recomendadas

ABBAGNANO, N. *Dicionário de filosofia*. 4. ed. São Paulo: Martins Fontes, 2000.
ANTUNES, C. *Como transformar informações em conhecimento*. Petrópolis: Vozes, 2002. v. 2.
ASOKO, H. et al. Construindo conhecimento científico na sala de aula. *Química Nova Escola*, n. 9, p. 31-40, maio 1999. Disponível em: <http://qnesc.sbq.org.br/online/qnesc09/aluno.pdf>. Acesso em: 25 fev. 2013.
ASSMANN, H. *Reencantar a educação*: rumo à sociedade aprendente. Petrópolis: Vozes, 1998.
CALEFFE, L.; MOREIRA, H. (Org.). *Metodologia da pesquisa para o professor pesquisador*. Rio de Janeiro: DP&A, 2006.
CARVALHO, M. C. M. (Org.). *Paradigmas filosóficos da atualidade*. Campinas: Papirus, 1989.
CODO, W.; GAZZOTTI, A. A. Trabalho e afetividade. In: CODO, W. (Coord.). *Educação*: carinho e trabalho. 3. ed. Petrópolis: Vozes, 1999. p. 48-59.
COLE, A. H. *Business enterprise in its social setting*. Cambridge: Harvard University, 1959.
CONTRERAS, J. *A autonomia dos professores*. São Paulo: Cortez, 2002.
DANIELS, H. (Org.). *Vygotsky em foco*: pressupostos e desdobramentos. Campinas: Papirus, 1994.
FAZENDA, I. C. A. (Org.). *Novos enfoques da pesquisa educacional*. São Paulo: Cortez, 2002.
FRANCO, T. B. *Processos de trabalho e transição tecnológica na saúde*: um olhar a partir do Sistema Cartão Nacional de Saúde. 2003. Tese (Doutorado em Saúde Coletiva) – Programa de Pós-Graduação em Saúde Coletiva, Universidade Estadual de Campinas, Campinas, 2003.
LEONTIEV, A. N. *Actividad, conciencia y personalidad*. Mexico: Cartago, 1983.
MINAYO, M. C. S. *Pesquisa social*: teoria, método e criatividade. 16. ed. Petrópolis: Vozes, 2000.
MISSEL, F. A. et al. O mal-estar docente perante o uso das tecnologias de informação e comunicação. *Revista Eletrônica Iberoamericana sobre Calidad, Eficácia y Cambio em Educación*, v. 3, n. 1, 2005. Disponível em: <http:://www.ice.deusto.es/rinace/reice/vol3n1_e/Steren.pdf>. Acesso em: 28 fev. 2013.
MORAES, M. C. *O paradigma educacional emergente*. Campinas: Papirus, 2006.
MORIN, E. *Os sete saberes necessários à educação do futuro*. 3. ed. São Paulo: Cortez; Brasília: UNESCO, 2001.

MOSQUERA, J. J. M. *Ensino*: uma tarefa de reflexão. Porto Alegre: Sulina, 1977.

MOSQUERA, J. J. M.; SANTOS, B. S.; STOBÄUS, C. D. Processos motivacionais em contextos educativos. *Educação,* Porto Alegre, v. 30, n. especial, p. 297-306, out. 2007. Disponível em: <http://revistaseletronicas.pucrs.br/ojs/index.php/faced/article/viewFile/3565/2783>. Acesso em: 25 fev. 2013.

NÉRICI, I. G. *Metodologia do ensino superior.* Rio de Janeiro: Fundo de Cultura, 1973.

PETERS, J. R. *A história da matemática no ensino fundamental*: uma análise de livros didáticos e artigos sobre história. 146 f. 2005. Dissertação (Mestrado em Educação Científica e Tecnológica) – Universidade Federal de Santa Catarina, Florianópolis, 2005. Disponível em: <http://www.inf.unioeste.br/~rogerio/Diss-Hist-Mat-Ensino-Fundamntal.pdf>. Acesso em: 25 fev. 2013.

PRESTES, M. L. M. *A pesquisa e a construção do conhecimento científico*: do planejamento aos textos, da escola à academia. São Paulo: Respel, 2002.

SANTOS, B. S. *Um discurso sobre as ciências.* 8. ed. Porto: Edições Afrontamento, 1996.

SCHÜTZE, F. Biographieforschung und narratives interview. *Neue Praxis,* v. 13, n. 3, p. 283-293, 1983.

SILVA, T. T. (Org.). *Alienígenas na sala de aula.* Petrópolis: Vozes, 1995.

SMYTH, J. A *Rationale for teachears critical pedagogy*: a handbook. Victoria: Deakin University, 1987.

VASCONCELLOS, C. S. *Para onde vai o professor?* Resgate do professor como sujeito de transformação. São Paulo: Libertad, 2001.

VOLI, F. *A auto-estima do professor:* manual de reflexão e ação educativa. São Paulo: Loyola, 1998.

WEISZ, T. *O diálogo entre o ensino e aprendizagem.* São Paulo: Ática, 2001.

YUS, R. *Educação integral*: uma educação holística para o século XXI. Porto Alegre: Artmed, 2002.

ZAGURI, T. *Limites sem trauma*: construindo cidadãos. Rio de Janeiro: Record, 2003.

ZARAGOZA, J. M. E. *O mal-estar docente*: a sala de aula e a saúde dos professores. Bauru: EDUSC, 1999.